L'œuvre, rien que l'œuvre, une édition minimaliste

ISBN : 9798379112967

DE PROFUNDIS

Du fond de l'abime, Jesus clame vers Son Pere, et cette clameur eveille, dans les entrailles les plus intimes des gouffres, — infiniment au-dessous de ce qui peut etre conçu par les Anges, indiciblement plus bas que tous les pressentiments et tous les mysteres de la Mort, — le tres-etouffe, le tres-lointain, le tres-pale gemissement de la Colombe du Paraclet qui repercute en echo le terrible *De profundis*.

Et tous les belements de l'Agneau vibrent ainsi dans la Fosse epouvantable, sans qu'il soit possible de supposer une seule plainte exhalee par le Fils de l'Homme qui ne retentisse pas *identiquement* dans les impossibles exils ou s'accroupit le Consolateur…

Ex quibus Christus secundum carnem.

ROM. IX, 5.

7

Léon Bloy

Le Salut par les Juifs

l'œuvre, rien que l'œuvre

1892

À

RAÏSSA MARITAIN

Je dédie ces pages
écrites à la gloire catholique
du Dieu
d'Abraham,
d'Isaac
et de Jacob

I

SALUS EX JUDÆIS EST. *Le Salut vient des Juifs !*[1]

J'ai perdu quelques heures précieuses de ma vie à lire, comme tant d'autres infortunés, les élucubrations anti-juives de M. Drumont, et je ne me souviens pas qu'il ait cité cette parole simple et formidable de Notre Seigneur Jésus-Christ, rapportée par saint Jean au chapitre quatrième de son Évangile.

Si ce journaliste copieux daigna jamais s'enquérir des Textes sacrés et s'il est en mesure de démontrer, pour ma confusion, que ce *précepte* considérable est mentionné dans tel ou tel des volumineux pamphlets dont il assomme régulièrement les peuples chrétiens, — il faut dire alors que cet hommage au Livre saint est si merveilleusement aphone, pénombral, rapide et discret qu'il est presque impossible de l'apercevoir et tout à fait impossible d'en être frappé.

C'est quelque chose pourtant, ce témoignage du Fils de Dieu !

Je sais bien que saint Augustin en a terriblement affaibli la portée dans sa pauvre exégèse des « deux murailles », qu'il est loisible de consulter au quinzième traité du commentaire fameux de ce vénérable Docteur.

Mais on était alors au Ve siècle ; la Réprobation d'Israël avait commencé depuis l'exorbitante catastrophe de Jérusalem ; l'espèce humaine, à moitié conquise déjà par les successeurs de Pierre, avait irrémédiablement froncé son cœur et s'était endurcie pour toute la durée des temps contre la descendance exécrée des bourreaux du Christ.

L'effrayante brûlure des premières Persécutions se cicatrisait enfin et les grandes *semailles* du sang des Martyrs étaient accomplies.

9

La pédagogie du Surnaturel tombait aux théologiens, aux explicateurs, aux philosophes désabusés, et la gênante assertion de Celui qui fut appelé le *Fils du Tonnerre* pouvait être écartée respectueusement, sans aucun danger de scandale ou de simple étonnement pour une Église toute rouge qui vagissait encore dans son berceau.

Cette parole demeure cependant. Elle subsiste, malgré tout, en sa force mystérieuse, et ressemble à quelque gemme très-sombre, d'un troublant éclat, rendue plus inestimable par l'inattention téméraire des économes ou des contrôleurs de la Foi.

II

Le Salut vient des Juifs ! Texte confondant qui nous met furieusement loin de M. Drumont ! À Dieu ne plaise que je lui déclare la guerre, à ce triomphant ! La lutte, vraiment, serait par trop inégale.

Le pamphlétaire de la *France Juive* peut se vanter d'avoir trouvé le bon coin et le bon endroit. Considérant avec une profonde sagesse et le sang-froid d'un chef subtil que le caillou philosophal de l'entregent consiste à donner précisément aux ventres humains la glandée dont ils raffolent, il inventa contre les Juifs la volcanique et pertinace revendication des pièces de cent sous.

C'était l'infaillible secret de tout dompter, de tout enfoncer et de jucher son individu sur les crêtes les plus altissimes.

Dire au passant, fût-ce le plus minable récipiendaire au pourrissoir des désespérés : — Ces perfides Hébreux, qui t'éclaboussent, t'ont volé tout ton argent ; reprends-le donc, ô Égyptien ! crève-leur la peau, si tu as du cœur, et poursuis-les dans la mer Rouge.

Ah ! dire cela perpétuellement, dire cela partout, le beugler sans trève dans des livres ou dans des journaux, se battre même quelquefois pour que cela retentisse plus noblement au-delà des monts et des fleuves ! mais surtout, oh ! surtout, *ne jamais parler d'autre chose*, — voilà la recette et l'arcane, le *medium* et le *retentum* de la balistique du grand succès. Qui donc, ô mon Dieu ! résisterait à cela ?

Ajoutons que ce grand homme revendiquait au nom du Catholicisme. Or, tout le monde connaît le désintéressement sublime des catholiques actuels, leur mépris incassable pour les spéculations ou les manigances financières et le détachement céleste qu'ils arborent. J'ai fait des livres, moi-même, en vue d'exprimer l'admiration presque douloureuse dont me saturent ces écoliers de la charité divine et je sens bien qu'il m'eût été impossible de m'en empêcher.

Il est donc aisé de concevoir l'impétuosité de leur zèle, quand les tripotantes mains de l'Antisémite vinrent chatouiller en eux le pressentiment de la Justice. On peut même dire qu'en cette occasion, les écailles tombèrent d'un grand nombre d'yeux et le généreux Drumont apparut l'apôtre des tièdes qui ne savaient pas que la religion fût si profitable.

III

Quelques profanes, il est vrai, se sont demandé quelle victoire essentielle résidait, pour la morale — même *pratique*, — dans l'indéniable fait d'avoir entrepris de substituer au fameux Veau d'or un cochon du même métal, et quel avantage précieux le Catholicisme allait retirer de ces récriminations d'agio.

Car enfin, M. Drumont entrait en héros dans Babylone, après avoir déconfit toutes les nations sémitiques, et les admirateurs de ce conquérant reniflaient sur lui la poussière du saint roi Midas, mêlée aux onguents et aux cinnamomes dont s'adonise coutumièrement la carcasse des dieux mortels.

Pour parler moins lyriquement, ça marchait ferme, les gros tirages se multipliaient et les droits d'auteur s'encaissaient avec une précision rothschildienne qui faisait baver de concupiscence toute une jalouse populace d'écrituriers du même acabit qui n'avaient pas eu cette plantureuse idée et qui résolurent aussitôt de s'acharner aux mêmes exploits.

Tous les livides mangeurs d'oignons chrétiens de la Haute et Basse Égypte comprirent admirablement que la guerre aux Juifs pouvait être, — à la fin des fins, — un excellent truc pour cicatriser maint désastre ou ravigoter maint négoce valétudinaire.

On a vu jusqu'à des prêtres sans nombre, — parmi lesquels devaient se trouver pourtant de candides serviteurs de Dieu, — s'enflammer à l'espoir d'une bousculade prochaine où le sang d'Israël serait assez répandu pour soûler des millions de chiens, cependant que les intègres moutons du Bon Pasteur brouteraient, en bénissant Dieu, les quintefeuilles et les trèfles d'or dans les pâturages enviés de la Terre de promission.

L'entraînement avait été si soudain et si prodigieuse l'impulsion que, même aujourd'hui, nul d'entre eux ne paraît s'être avisé de savoir, — décidément, — s'il n'y aurait pas quelque danger grave, pour un cœur sacerdotal, à pétitionner ainsi l'extermination d'un peuple que l'Église Apostolique Romaine a protégé dix-neuf siècles ; en faveur de qui sa Liturgie la plus douloureuse parle à Dieu le Vendredi Saint ; d'où sont sortis les Patriarches, les Prophètes, les Évangélistes, les Apôtres, les Amis fidèles et tous les premiers Martyrs ; sans oser parler de la Vierge-Mère et de Notre Sauveur lui-même, qui fut le Lion de Juda, le JUIF *par excellence de nature,* — un Juif indicible ! — et qui, sans doute, avait employé toute une éternité préalable à convoiter cette extraction.

Mais, quoi ! ne fallait-il pas suivre jusqu'au bout le cupide saltimbanque, organisateur et prédicateur de cette croisade pour le boursicaut, qui ne cesse de prêchailler « à la petite semaine » sur le petit nombre des élus du Coffre-fort Tout-Puissant ? — et quelqu'un pourrait-il citer une *seule* protestation catholique, lorsque s'étala, sur nos reculantes murailles, l'effroyable effigie de ce Turlupin sacrilège : *en armure de chevalier du Saint Sépulcre et foulant aux pieds......* MOÏSE !!!?

Ah ! cela dit tout.

IV

En voilà donc tout à fait assez.

Je le répète, il n'entre pas dans ma pensée, ni dans mon sujet, d'insister particulièrement sur ce personnage dont le triomphe eût pu être plus grand encore sans le ridicule déconcertant de sa vanité de pion parvenu, et qui, d'ailleurs, vient d'être frappé durement par un rigoureux arrêt de cour d'assises.[2]

Mais comment ne pas le nommer au moment d'aborder cette incomparable question d'Israël qu'il se glorifie sottement d'avoir abaissée jusqu'au niveau cérébral des bourgeois les plus imbéciles ?

Je dois être peu soupçonnable d'amour tendre pour les descendants actuels de cette race fameuse. Voici, pour commencer, ce que j'écrivais, il y a six ans, dans un livre de colère que l'hostilité générale s'efforça d'étouffer par tous les moyens imaginables.

« Le Moyen Âge, disais-je en parlant des Juifs, avait le bon sens de les cantonner dans des chenils réservés et de leur imposer une défroque spéciale qui permît à chacun de les éviter. Quand on avait absolument affaire à ces puants, on s'en cachait comme d'une infamie et on se purifiait ensuite comme on pouvait. La honte et le péril de leur contact était l'antidote chrétien de leur pestilence, puisque Dieu tenait à la perpétuité d'une telle vermine.

« Aujourd'hui que le christianisme a l'air de râler sous le talon de ses propres croyants et que l'Église a perdu tout crédit, on s'indigne bêtement de voir en eux les maîtres du monde, et les contradicteurs enragés de la Tradition apostolique sont les premiers à s'en étonner. On prohibe le désinfectant et on se plaint d'avoir des punaises. Telle est l'idiotie caractéristique des temps modernes. »[3]

Je ne vois pas le moyen de changer un quart de ligne à cette page gracieuse. Plus que jamais il est clair pour moi que la société chrétienne est empuantie d'une bien dégoûtante engeance et c'est terrible de savoir qu'elle est *perpétuelle* par la volonté de Dieu.

Au double point de vue moral et physique, le Youtre moderne paraît être le confluent de toutes les hideurs du monde.

V

Me trouvant à Hambourg, l'an passé, j'eus, à l'instar des voyageurs les plus ordinaires, la curiosité de voir le Marché des Juifs.

La surprenante abjection de cet emporium de détritus emphytéotiques est difficilement exprimable. Il me sembla que tout ce qui peut dégoûter de vivre était l'objet du trafic de ces mercantis impurs dont les hurlements *obséquieux* m'accrochaient, me cramponnaient, se collaient à moi physiquement, m'infligeant comme le malaise fantastique d'une espèce de flabellation gélatineuse.

Et toutes ces faces de lucre et de servitude avaient la même estampille redoutable qui veut dire si clairement le Mépris, le Rassasiement divin, l'irrévocable Séparation d'avec les autres mortels, et qui les fait si profondément identiques en n'importe quel district du globe.

Car c'est une loi singulière que ce peuple d'anathèmes n'ait pu assumer la réprobation collective dont il s'honore qu'au prix fabuleux du *protagonisme* éventuel de l'individu. La Race rejetée n'a jamais pu produire aucune sorte de César.

C'est pour cela que je me défie de la tradition ingénieuse, mais peu connue, j'imagine, qui donne des Hébreux pour ancêtres au peuple romain et remplace les compagnons d'Énée par une colonie de Benjamites, — expliquant la *Louve* des deux Jumeaux fondateurs par l'inscrutable prédiction d'Israël mourant : « *Benjamin* LUPUS *rapax, mane comedet prædam et vespere dividet spolia.* Benjamin, loup rapace, au matin mangera la proie et au vêpre divisera les dépouilles. »[4]

Les immondes fripiers de Hambourg étaient bien, vraiment, de cette homogène famille de ménechmes avaricieux en condition chez tous les malpropres démons de l'identité judaïque, telle qu'on la voit grouiller le long du Danube, en Pologne, en Russie, en Allemagne, en Hollande, en France même, déjà, et dans toute l'Afrique septentrionale où les Arabes, quelquefois, en font un odieux mastic bon à frotter les moutons galeux.

Mais où ma nausée, je l'avoue, dépassa toute conjecture et tout espoir, ce fut à l'apparition des Trois Vieillards !...

VI

Je les nomme les Trois Vieillards, parce que je ne sais aucune autre manière de les désigner. Ils sont peut-être cinquante en cette ville privilégiée qui ne semble pas en être plus fière. Mais je n'en avais que trois devant les yeux et c'était assez pour que les dragons les plus insolites m'apparussent.

Tout ce qui portait une empreinte quelconque de modernité s'évanouit aussitôt pour moi et les youtres subalternes qui me coudoyaient en fourmillant comme des moucherons d'abattoir s'interrompirent d'exister. Ils n'en avaient plus le droit, n'étant absolument rien auprès de ceux-ci.

Leur ignominie, que j'avais estimée complète, irréprochable et savoureuse autant que peut l'être un élixir de malédiction, n'avait plus la moindre sapidité et ressemblait à de la noblesse en comparaison de cet indévoilable cauchemar d'opprobre.

L'aspect de ces trois fantômes dégageait une si nonpareille qualité d'horreur que le blasphème seul pourrait être admis à l'interpréter symboliquement.

Qu'on se représente, s'il est possible, les Trois Patriarches sacrés : Abraham, Isaac et Jacob, dont les noms, obnubilés d'un impénétrable mystère, forment le Delta, le Triangle équilatéral où sommeille, dans les rideaux de la foudre, l'inaccessible Tétragramme !

Qu'on se les figure, — j'ose à peine l'écrire, — ces trois personnages beaucoup plus qu'humains, du flanc desquels tout le Peuple de Dieu et le Verbe de Dieu lui-même sont sortis ; qu'on veuille bien les supposer, une minute, *vivants encore*, ayant, par un très-unique miracle, survécu à la plus centenaire progéniture des immolateurs de leur grand Enfant crucifié ; ayant pris sur eux, — Dieu sait en vue de quels irrévélables

19

rémérés ! — la destitution parfaite, l'ordure sans nom, la turpitude infinie, l'intarissable trésor des exécrations du monde, les huées de toute la terre, la vilipendaison dans tous les abîmes, — et l'étonnement éternel des Séraphins ou des Trônes à les voir se traîner ainsi dans la boue des siècles… !

VII

Ah ! certes, oui, dans l'esprit de cette vision qui paraîtra sans doute insensée, les trois êtres affreux réalisaient bien l'archétype et le phénomène primordial de la Race indélébile qui accomplit, depuis bientôt deux mille ans, le prodige sans égal de survivre, elle aussi, à ses exterminateurs et d'en appeler éternellement à tous les enfers de sa *substantielle* révocation.

Mais, bon Dieu ! quels épouvantables ancêtres !

Ils étaient vraiment trop classiques pour ne pas se manifester aussi détestables que sublimes. Depuis Shakespeare jusqu'à Balzac, on a terriblement ressassé le vieil Hébreu sordide et crochu, dénichant l'or dans les immondices, dans les tumeurs de l'humanité, l'adorant enfin tel qu'un soleil de douleurs et un Paraclet d'amour, co-égal et co-éternel à son Jéhovah solitaire.

Ils réalisaient triplement ce monstre en leurs identiques personnes, ajoutant à l'horreur banale de cet ancien mythe littéraire les affres démesurées de leur véridique présence...

Abraham, Isaac, Jacob, descendus jusqu'à ces Limbes néfastes !... Car mon imagination, démâtée par l'épouvante, leur décernait instinctivement les Appellations divines.

Et, ma foi ! je renonce à les dépeindre, abandonnant ce treizième labeur d'Alcide aux documentaires de la charogne et aux cosmographes des fermentations vermineuses.

Je me souviendrai longtemps, néanmoins, de ces trois incomparables crapules que je vois encore dans leurs souquenilles putréfiées, penchées fronts contre fronts, sur l'orifice d'un sac fétide qui eût épouvanté les étoiles, où s'amoncelaient, pour l'exportation du typhus, les innommables objets de quelque négoce archisémitique.

Je leur dois cet hommage d'un souvenir presque *affectueux*, pour avoir évoqué dans mon esprit les images les plus grandioses qui puissent entrer dans l'habitacle sans magnificence d'un esprit mortel.

Je dirai cela tout à l'heure aussi clairement qu'il me sera donné de le dire.

En attendant, j'affirme, avec toutes les énergies de mon âme, qu'une synthèse de la question juive est l'absurdité même, en dehors de l'acceptation préalable du « Préjugé » d'un *retranchement essentiel*, d'une séquestration de Jacob dans la plus abjecte décrépitude, — sans aucun espoir d'accommodement ou de retour, aussi longtemps que son « Messie » tout brûlant de gloire ne sera pas tombé sur la terre.

VIII

Jusqu'à ce jour, la parfaite justice d'en haut ou d'en bas continuera d'exiger impérieusement qu'on l'exècre en le vomissant. Rigoureusement, je sais bien que les Israélites peuvent être appelés nos « frères », — au même titre, j'en ai peur, que les plantes ou les animaux dénommés ainsi par le séraphique saint François, qui ne s'est jamais trompé. Mais les aimer comme *tels* est une proposition qui révolte la nature. C'est le surfaste miraculeux de la sainteté la plus transcendante ou l'illusion d'une religiosité imbécile.

Il n'a pas fallu moins que l'autorité d'un des Douze pour certifier qu' « Élie fut semblable à nous », car ce prophète qui eut le Feu pour serviteur, paraît avoir été beaucoup plus qu'un homme ; mais les Juifs nés ou à naître depuis la Grand'Messe du premier Vendredi Saint ne peuvent jamais être nos *semblables*.

Leur chair triste, réfractaire à tout mélange pendant un si grand nombre de siècles, nous avertit surabondamment de leur prodigieux état d'exception dans l'humanité.

C'est la Souche, malgré tout, de Notre Seigneur Jésus-Christ, *réservée* par conséquent, inarrachable, immortelle, — effroyablement ébranchée, sans doute, au lendemain du solennel « Crucifigatur », mais intacte en son support et dont les racines adhèrent au plus profond des entrailles de la Volonté divine.

C'est pour cela qu'ils sont tous imperturbablement identiques et si complètement résorbés dans la personne extérieure de leurs paniques vieillards. Les haillons noirs et la puanteur sénile n'y changent absolument rien, et c'est parce que je voyais avec précision tous les millionnaires contemporains, mâles ou femelles, qui font l'orgueil de nos synagogues parfumées, dans les trois carcasses mentionnées plus haut, qu'elles m'impressionnèrent si durablement.

L'histoire des Juifs barre l'histoire du genre humain comme une digue barre un fleuve, pour en élever le niveau. Ils sont immobiles à jamais et tout ce qu'on peut faire c'est de les franchir en bondissant avec plus ou moins de fracas, sans aucun espoir de les démolir.

On l'a suffisamment essayé, n'est-ce pas ? et l'expérience d'une soixantaine de générations est irrécusable. Des maîtres à qui rien ne résistait entreprirent de les effacer. Des multitudes inconsolables de l'Affront du Dieu vivant se ruèrent à leur tuerie. La Vigne symbolique du Testament de Rédemption fut infatigablement sarclée de ces parasites vénéneux ; et ce peuple disséminé dans vingt peuples, sous la tutelle sans merci de plusieurs milliers de princes chrétiens, accomplit, tout le long des temps, son destin de fer qui consistait simplement à ne pas mourir, à préserver toujours et partout, dans les rafales ou dans les cyclones, la poignée de *boue* merveilleuse dont il est parlé dans le saint Livre et qu'il croit être le Feu divin[5].

Cette nuque de désobéissants et de perfides, que Moïse trouvait si dure, a fatigué la fureur des hommes comme une enclume d'un métal puissant qui userait tous les marteaux. L'épée de la Chevalerie s'y est ébréchée et le sabre finement trempé du chef musulman s'y est rompu aussi bien que le bâton de la populace.

Il est donc bien démontré que rien n'est à faire, et, considérant ce que Dieu supporte, il convient, assurément, à des âmes religieuses de se demander une bonne fois, sans présomption ni rage imbécile et face à face avec les Ténèbres, si quelque mystère infiniment adorable ne se cache pas, après tout, sous les espèces de l'ignominie sans rivale du Peuple Orphelin condamné dans toutes les assises de l'Espérance, mais qui, peut-être, au jour marqué, ne sera pas trouvé sans pourvoi.

IX

Patience ! Écoutez ceci, vous, les pauvres gens pour qui Jésus a voulu souffrir.

Si quelque fanatique de ma prose pouvait un jour être suscité, le malheureux dénicherait peut-être, avec le secours du ciel, les lignes suivantes, aussi parfaitement ignorées, j'imagine, que la page citée plus haut :

« On a fort écrit sur l'argent. Les politiques, les économistes, les moralistes, les psychologues et les mystagogues s'y sont épuisés. Mais je ne remarque pas qu'aucun d'eux ait jamais exprimé la sensation de *mystère* que dégage ce mot étonnant.

« L'exégèse biblique a relevé cette particularité notable que, dans les Livres sacrés, le mot ARGENT est synonyme et figuratif de la vivante Parole de Dieu[6]. D'où découle cette conséquence que les Juifs dépositaires anciens de cette Parole, qu'ils ont fini par crucifier quand elle est devenue la Chair de l'Homme, en ont retenu, postérieurement à leur déchéance, le *simulacre*, pour accomplir leur destin et ne pas errer sans vocation sur la terre.

« C'est donc en vertu d'un décret divin qu'ils posséderaient, n'importe comment, la plus large part des biens de ce monde. Grande joie pour eux ! mais qu'en font-ils[7] ? »

Ce qu'ils font de l'argent, je vais vous le dire, ils le *crucifient*.

Je demande pardon pour cette expression assez généralement inusitée, je crois, mais qui n'est pas plus extravagante, si on y regarde bien, que cette autre : « Manger de l'argent », dont la monstruosité *réelle*, divulguée, ferait expirer d'effroi les innombrables humains qui l'utilisent.

J'ai dit exactement ce que je voulais dire. Ils le crucifient, parce que c'est la manière juive d'exterminer ce qui est divin.

Les symboles et les paraboles du Saint Livre *sont* pour toujours, l'Église, infaillible, n'ayant pas plus raturé les figures qu'elle n'a congédié les prophéties. C'est l'éternité seulement qui a leur mesure et les Juifs ayant égorgé le Verbe fait chair, après l'avoir très-jalousement gardé, aussi longtemps qu'il n'éclatait pas à leurs yeux charnels, épousèrent à leur insu l'effroyable pénitence d'être fixés à jamais dans leur sacrilège et de continuer avec rage sur l'indestructible Symbole ce qu'ils avaient accompli sur la chair passible du vrai Dieu.

Crucifier l'argent ? Mais quoi ! c'est l'exalter sur la potence ainsi qu'un voleur ; c'est le dresser, le mettre en haut, l'*isoler* du Pauvre dont il est précisément la substance !…

Le Verbe, la Chair, l'Argent, le Pauvre… Idées analogues, mots consubstantiels qui désignent en commun Notre Seigneur Jésus-Christ dans le langage que l'Esprit-Saint a parlé.

Car, sitôt qu'on touche à l'une ou l'autre de ces effrayantes Images, qui sont si nombreuses, elles accourent toutes à la fois et mugissent de tous les côtés comme des torrents qui se hâteraient en bondissant vers un gouffre unique et central.

C'est moi ! crie chacune d'elles.

— C'est moi, l'Argent, qui suis le Verbe de Dieu, le Sauveur du monde ! C'est moi qui suis la Voie, la Vérité, la Vie, le Père du siècle futur !…

— C'est moi, le Verbe, qui suis l'Argent, la Résurrection, le Dieu fort, le très-bon Vin, le Pain vivant, la Pierre angulaire !…

— C'est moi, la Chair, la chair débile, qui suis pourtant la Joie des Anges, la Pureté des Vierges, l'Agneau des agonisants et le bon Pasteur des morts !…

— Et c'est moi toujours, moi le Pauvre, le Père des pauvres, qui suis le Trésor des fidèles, trésor de vermine et d'abjection, en même temps que le Roi des Patriarches et la Force des Martyrs ! C'est bien moi qui suis l'Esclave, le Conspué, l'Humilié, le Lépreux, le Mendiant horrible dont tous les Prophètes ont parlé… et le Créateur des voies lactées et des nébuleuses, par-dessus le marché !

Mais qui donc pourrait avoir des pensées dignes de tels objets ?

XI

La sympathie pour les Juifs est un signe de turpitude, c'est bien entendu. Il est impossible de mériter l'estime d'un chien quand on n'a pas le dégoût instinctif de la Synagogue. Cela s'énonce tranquillement comme un axiome de géométrie rectiligne, sans ironie et sans amertume.

Je m'embarrasse peu, quant à moi, de ce que les théologiens ou les économistes leur reprochent. Il me suffit de savoir qu'ils ont commis le Crime suprême, en comparaison duquel tous les crimes sont des vertus, le Péché sans nom ni mesure qui touche à l'Intégrité divine et qui n'aurait aucune chance de rémission si la prière insensée de Jésus, ivre de tourments sur sa Croix folle, n'intervenait pas.

Ils ont détesté le PAUVRE, d'une détestation infinie. Ils l'ont tellement détesté, que pour l'outrager et le torturer à leur convenance, il a fallu qu'ils rassemblassent de partout et qu'ils appelassent à leur secours l'énergie de feu souterrain des ressentiments héréditaires contre un Sabaoth qui châtiait si terriblement, autrefois, leurs transgressions.

Il a fallu qu'avec la patience de plusieurs millions de fourmis qui s'acharneraient à construire une montagne, ils accumulassent, à l'avance, pendant des générations, contre l'Homme Unique et volontairement désarmé, les plus féroces témoignages du Livre implacable où l'Esprit du Dieu d'Israël avait écrit sa colère.

Retournant contre lui l'excessive menace de leurs vieux textes, ils semblaient lui dire : « Ton Père nous a battus de verges, mais-nous allons te flageller avec des scorpions[8] ». « Nous froisserons ta chair avec les épines et les chardons du désert[9] », etc.

Les clameurs de possédés qui précédèrent la Sentence et qui accompagnèrent, comme une basse continue, l'incommensurable Supplice furent assurément la plus complète manifestation de l'horreur humaine pour la Pauvreté.

Ce délire surnaturel ne pourra jamais être dépassé et lorsque la houle des populaces démentielles grondera de joie sur les cadavres des « Deux Témoins » dont l'Apocalypse a prophétisé l'immolation, ce ne sera pas plus épouvantable.

Il n'est pas nécessaire d'avoir fait de puissants travaux d'exégèse pour savoir qu'en effet Jésus-Christ fut le vrai Pauvre, — désigné comme tel à chaque page de l'Ancien ou du Nouveau Testament, — l'unique parmi les plus pauvres, insondablement au-dessous des Jobs les plus vermineux, le diamant solitaire et l'escarboucle d'Orient de la pauvreté magnifique, et qu'il fut enfin la Pauvreté même annoncée par des Voyants inflexibles que le peuple avait lapidés.

Il eut pour compagnes les « trois pauvretés », a dit une sainte. Il fut pauvre de biens, pauvre d'amis, pauvre de Lui-même. Cela dans les profondeurs de la profondeur, entre les parois visqueuses du puits de l'Abîme.

Puisqu'il était Dieu et qu'il n'avait accepté de venir que pour prouver qu'il était Dieu en se manifestant vraiment pauvre, il le fut dans l'irradiation et la plénitude infinies de ses Attributs divins.

Il n'y eut donc pas d'autre Victime que le Pauvre et les excès absolument incompréhensibles de cette Passion toujours actuelle, flagrante à perpétuité, dont l'athéisme lui-même ne peut assoupir l'effroi, sont inexplicables aux gens qui ne savent pas ce que c'est que la Pauvreté, « l'élection dans la fournaise de la pauvreté », selon le mot d'Isaïe qui *montra les choses futures* et qui fut scié entre deux poteaux.

XII

Les Juifs ont l'honneur indélébile d'avoir traduit à l'usage de l'humanité, la haine du Pauvre, en un style de tourments dont l'éloquence a supplanté toutes les épouvantes connues.

Ils surent tellement l'énormité de leur besogne qu'ils inventèrent le Couronnement d'épines, pour qu'il fût irréfragable désormais qu'ils avaient eu le pouvoir de conditionner, au moins, un *vrai* Roi de l'abjection et de la douleur.

Cérémonie sans exemple jusqu'alors, dont les savants du vieux Temple ne devaient pas ignorer le sens profond. Les Épines sont l'ingrédient essentiel de la malédiction suprême, depuis le Désastre initial, et « la moisson des épines à la place de la moisson du froment » est un lieu commun des plus hébraïques.

Ils se rappelaient sans doute le cri du Lamentateur : « Humiliez-vous et asseyez-vous par terre, déplorable troupeau du Seigneur, car la couronne de votre gloire est tombée de votre tête[10] » ; et peut-être aussi les pétales de sang vivant qui sortaient du front du Christ les faisaient-ils penser avec rage au *Coronemus* ROSIS du cantique blasphématoire de la *Sagesse*[11].

Mais savaient-ils, ces docteurs pleins d'ironie et de cruauté, que cette Couronne effroyable régnerait sur eux à jamais et les opprimerait plus durement que le Pharaon, puisqu'elle était posée sur le chef mourant de Celui qui ne pouvait avoir d'autre successeur que l'odieux argent dont ils devinrent, après sa mort, les misérables esclaves ?

Car c'est un mystère fort troublant. La mort de Jésus sépara essentiellement l'Argent du Pauvre, le préfigurant du préfiguré, en la même façon qu'elle sépare le corps de l'âme dans les trépas ordinaires.

L'Église universelle née du Sang divin eut le Pauvre pour son partage, et les Juifs, retranchés dans l'imprenable forteresse d'un récalcitrant désespoir, gardèrent l'Argent, le blême argent griffé de leurs sacrilèges épines et déshonoré par leurs crachats, — comme ils eussent gardé sans tombeau le cadavre d'un Dieu sujet à la corruption, pour qu'il empoisonnât l'univers !

XIII

Mais qui donc peut s'intéresser à ces vénérables Images sur lesquelles pourtant le monde a vécu, et qui voudrait s'efforcer de les comprendre ? Un travail tel que celui-ci ne souffre guère qu'on les écarte, et comment échapper à la décourageante certitude qu'on ne sera pas entendu ?

Ils ont l'air parfois si contradictoires, ces vocables, familiers ou rares, dont le sens littéral est si divers et l'acception spirituelle si invariable, qui disent tous à leur manière la Substance infinie et qui ne sont que des voiles d'un tissu changeant au devant du *même* tabernacle !

On est tenté de les croire incohérents ou capricieux parce qu'ils se précipitent quelquefois les uns sur les autres et qu'ils semblent tour à tour se dévorer ou s'enlacer amoureusement. Quand on les regarde avec fixité, ils se compénètrent soudain et se coalisent en un seul front pour se multiplier derechef aussitôt qu'on s'efforce de les saisir.

Et quand, plein de lassitude, on s'en détourne pour contempler de vaines ombres dans les miroirs énigmatiques de cet univers, ils arrivent insidieusement, comme des obsesseurs très-subtils, et ils environnent l'esprit de leurs tranchées silencieuses…

On a beau savoir qu'ils sont les flots d'un identique Océan et qu'ils ne peuvent rompre les digues de l'Unité absolue, l'ondoyance perpétuelle de leurs aspects et le conflit apparent de leurs couleurs déconcertent infailliblement l'orientation la plus attentive.

Il faut prendre son parti de n'obtenir jamais que d'intermittents éclairs, car Jésus lui-même, venu, disait-il, pour tout « accomplir », ne s'exprima qu'en paraboles et similitudes.

L'interprétation des Textes sacrés fut autrefois considérée comme le plus glorieux effort de l'esprit humain, puisqu'au témoignage de l'infaillible Salomon, la « gloire de Dieu est de cacher sa parole[12] ».

C'était, alors, le temps des maîtres et le règne tranquille des spéculations d'en haut. Maintenant, c'est l'heure des domestiques et la victoire décisive des curiosités d'en bas.

Il est donc au moins superflu d'espérer un peu d'attention et je me garderais soigneusement d'y prétendre, si je ne savais pas qu'on meurt de faim dans les étables du Pasteur et qu'un grand nombre de voix réclament déjà la clef du siècle prochain où les indigents supposent que la Providence a mis en réserve le rassasiement des esprits.

J'ai la douleur de ne pouvoir proposer à mes ambitieux contemporains un révélateur authentique. La conciergerie des Mystères n'est pas mon emploi et je n'ai pas reçu la consignation des Choses futures. Les prophètes actuels sont, d'ailleurs, si complètement dénués de miracles qu'il parait impossible de les discerner.

Mais s'il est vrai qu'on en demande, par une conséquence naturelle de ce point de foi qu'il doit en venir un jour, je voudrais savoir pourquoi on ne les demande jamais à l'*unique* peuple d'où sont sortis tous les Secrétaires des Commandements de Dieu.

XIV

Je sais bien qu'il y a l'histoire du figuier maudit pour avoir été trouvé sans fruit, lorsque Jésus était affamé. Il est vrai que « ce n'était pas encore le temps des figues ». L'Évangile en fait la remarque.

Il dit même, qu'il n'y a pas lieu de désespérer tout à fait si on creuse à l'entour et qu'on y verse des « excréments[13] ». Un peu de patience, il sera toujours temps de l'abattre s'il s'obstine à ne produire aucun fruit.

Ce pauvre figuier qui n'a rien à donner au pauvre Christ, parce que le temps de ses figues n'est pas venu, m'intéresse passionnément. Car il est l'indiscutable symbole du peuple juif dont il exprime souverainement la *prospérité*.

Mais ne fallait-il pas qu'en attendant le déluge des immondices pour l'exubérance d'une fécondité ultérieure, il donnât tout de même un *fruit* quelconque à ce Rédempteur impatient qui l'avait maudit, et n'est-il pas permis de conjecturer que l'impénétrable Traître qui résumait si bien la Race bifide, se suspendit précisément à cet arbre de désespoir sous le feuillage duquel tous les bons Hébreux de la tradition s'asseyaient avec confiance.

Ce doit être l'étonnement des Esprits du ciel de rapprocher du sort des Juifs, — à dater de cette horrible *primeur*, — les antiques promesses de domination glorieuse et d'allégresse « in æternum » dont leurs Livres sont saturés.

À l'apparition du Pauvre, — imprévue depuis deux mille ans, — tout ce qu'il y avait de spirituel en eux a décampé et leur nature charnelle d'idolâtres compteurs d'argent s'est manifestée.

Judas est leur type, leur prototype et leur surtype, ou, si on veut, le paradigme certain des ignobles et sempiternelles conjugaisons de leur avarice, à ce point qu'on les croirait tous sortis, en même temps que les intestins, du ventre crevé de ce brocanteur de Dieu.

C'était un *filou* vulgaire, — un Klephte, selon le grec, — dit le doux évangéliste saint Jean, et c'était lui qui « tenait la bourse ». Il la tient encore, plus que jamais, et c'est cela, — exclusivement, — qui nous procure le spectacle généreux des indignations journalières de l'acéphale contempteur de Sem.

Le Moyen-Âge, qui avait à peine la notion du porte-monnaie et dont le cœur chavirait d'amour, n'alla jamais au delà des trente pièces d'argent qui lui paraissaient peut-être une somme fabuleuse et qu'il eût préférée sans doute moins considérable, pour que l'opprobre de son Dieu fût encore plus cousin germain de l'humiliation des souffre-douleur qui demandaient l'aumône en son Nom.

Les chrétiens d'alors comprenaient fort bien qu'il n'y a dans le drame tumultuaire du Vendredi Saint que *deux* personnages : les Juifs et le Pauvre, et ils partageaient équitablement leurs simples âmes entre l'adoration douloureuse et l'horreur sans bornes, abandonnant tout le reste aux docteurs subtils qui parlaient latin.

Je ne sais plus exactement où j'ai lu l'aventure assez naïve de cet ancien chevalier, siégeant en sa qualité de haut notable dans un synode assemblé pour le jugement ecclésiastique d'un rabbin turbulent qui avait mis en circulation de damnables gloses contre la Vierge Marie.

Après une longue dispute où l'audacieux circoncis avait aisément confondu les théologiens ignares qu'on lui opposait, et le louche silence qui précède l'évacuation d'un arrêt sans miséricorde ayant commencé, — le vieil homme vêtu de fer, qui n'avait pas encore fait acte de vivant, descendit avec lenteur de la stalle en cœur de vieux chêne où il avait paru sommeiller et, s'approchant du talmudique :

— Juif, dit-il, tu as bien parlé, mais il reste un argument que tu n'avais pas prévu et qui te laissera sans réponse.

À ces mots, il dégaîne son immense épée de Ptolémaïs ou d'Antioche et le fend en deux, comme un Sarrasin félon, de la tête aux pieds.

De telles anecdotes sont précieuses pour exaspérer les imbéciles et rafraîchir l'imagination des bons chrétiens.

XV

Humble et grand Moyen-Âge, époque la plus chère à tous ceux que les clameurs de la Désobéissance importunent et qui vivent retirés au fond de leurs propres âmes !

Les trois derniers siècles ont beaucoup fait pour le raturer ou le décrier, en altérant par tous les opiums les glorieuses facultés lyriques du vieil Occident. Il existe même un courant nouveau d'historiens critiques et documentaires, de qui cette besogne odieuse est le permanent souci.

Mais je crois bien que les Mille ans de pleurs, de folies sanglantes et d'extases continueront de couler à travers les doigts des pédants, aussi longtemps que le cœur humain n'aura pas cessé d'exister ; et c'est une remarque étrange que les Juifs sont, en somme, les témoins les plus fidèles et les conservateurs les plus authentiques de ce candide Moyen-Âge qui les détestait *pour l'amour de Dieu* et qui voulut tant de fois les exterminer.

J'évoquais, en commençant, le souvenir de ces malpropres et sublimes individus qu'il me fut donné de contempler à Hambourg, — animaux si bien conservés dans leur purin, si intacts, si prodigieusement immaculés de tout ce qui n'était pas la vermine des ascendants ou des proches, que j'eus l'angoisse de me sentir en présence du *même* troupeau qui faisait vomir les gens nés sous le règne de Philippe Auguste ou de Frédéric Barberousse et disséminés sous la terre ou dans les sillons des cieux, depuis tant de générations qu'ils sont morts en se souvenant de la mort du Christ.

J'entrevis l'énorme grandeur de ces temps lointains où la militante Église qui avait dompté l'univers et dont les pieds d'Immaculée Conception se posaient sur le cou des rois, broyait pourtant sa puissance contre un peuple de vermisseaux qui lui résistait sans jamais mourir.

41

On eût pu dire, semble-t-il, que cet obstacle impossible à vaincre l'avertissait, en pleine victoire, de sa condition précaire d'épousée d'un Dieu sanglant à qui tout avait résisté...

Devenue comme la mer, elle dut, en frémissant, prendre pour elle-même la concise prohibition du Seigneur : « Tu viendras jusqu'ici et tu ne passeras pas plus avant, et c'est ici que tu briseras l'enflure de tes ondes[14]. »

Néanmoins, la guerre aux Juifs ne fut jamais, dans l'Église, que l'effort mal dirigé d'un grand zèle charitable et la Papauté les abrita généreusement contre la fureur de tout un monde.

XVI

Exspectans exspectavi, chantaient les chrétiens attendant la Résurrection des morts.

— *Exspectaveram et adhuc exspectabo*, rectifiaient avec profondeur les gémissants d'Israël. J'avais attendu et je veux attendre encore. Votre Messie n'est pas mon Messie et quand même tous vos tombeaux s'ouvriraient, j'attendrais toujours !

La patiente Église de Jésus considérait silencieusement ces *suspendus* éternels, fortifiés par un indicible espoir et dont nul sauveur n'aurait pu porter la pénitence épouvantable, — cependant que les basiliques et les monastères carillonnaient à la gloire d'un Enfant Juif qui était mort dans l'ignominie pour sauver les vagabonds.

Les sanglots ou les chants des cloches, dont tous les empires chrétiens frissonnaient d'amour, frappaient en vain l'âme obstinée de ces orphelins de Léviathan.

Créanciers d'une Promesse impérissable que l'Église jugeait accomplie et forts d'un Pacte sempiternel enregistré par l'Esprit-Saint jusqu'à trois cents fois, le Fils de Marie leur paraissait à peine l'égal de ce roi lépreux qui régna sur Jérusalem, qui fut « plein de lèpre jusqu'au jour de sa mort » et le terrible habitant d'une maison solitaire, pour son crime d'avoir usurpé l'encensoir des fils du grand prêtre[15].

Comme ils devaient mépriser les pompes douloureuses du Christianisme, ces guenilleux indomptés qui pensèrent toujours que la Gloire du Dieu d'Ézéchiel avait besoin de leur propre gloire !

Ah ! l'Église avait beau leur dire : « Celui qui a vendu son frère, un fils d'Israël, et qui en a reçu le prix, doit subir la mort[16] », toute la postérité de Jacob pouvait lui répondre :

— Si vous nous croyez semblables à Caïn parce que nous sommes errants et fugitifs sur la terre, souvenez-vous que le Seigneur a marqué d'un SIGNE ce meurtrier, pour que ceux qui le trouveraient ne le tuassent pas[17] et voyez, après cela, combien sont vaines vos menaces d'extermination.

Nous avons la parole d'honneur de Dieu qui nous a juré son alliance éternelle et nous refusons de le délier. Cette parole subsiste à jamais et, quand elle s'accomplira, vous deviendrez notre esclave.

Si c'est son Fils que nous avons crucifié, qu'il se sauve donc lui-même, ce Sauveur des autres, puisque nous avons promis de croire en lui quand il descendra de sa Croix.

XVII

Et la Mère des fidèles, glacée d'horreur, continue, dans l'introublable sérénité de sa Liturgie, les Lamentations sublimes :

« Comment est-elle accroupie dans la solitude, la Cité pleine de peuple ? Elle est faite comme une veuve, la Dominatrice des nations ; la Princesse des provinces est devenue tributaire.

« En larmoyant elle a pleuré dans la nuit et ses larmes sont en ses joues ; il n'est aucun de ses bien-aimés qui la console : tous ses amis l'ont méprisée et lui sont devenus ennemis.

« Juda a changé de lieu à cause de l'affliction et du cumul de la servitude. Il a habité parmi les gentils et n'a pas trouvé de repos ; tous ses persécuteurs l'ont appréhendé dans les lieux étroits.

« Les chemins de Sion pleurent parce qu'il n'y a personne qui vienne à la Solennité : toutes ses portes sont détruites, ses prêtres gémissants, ses vierges sordides, elle-même oppressée d'amertume.

« Les étrangers ont été mis à sa tête et ses ennemis se sont enrichis, parce que le Seigneur a parlé sur elle, à cause du grand nombre de ses injustices. Ses tout petits ont été conduits en captivité devant la face de celui qui leur fait tribulation.

« — *Jérusalem, Jérusalem, reviens au Seigneur ton Dieu !*

« Et de la fille de Sion s'est évadé tout son décor : ses princes ont été faits comme des béliers qui ne trouvent point de pacage et s'en sont allés sans force devant la face de celui qui les pourchassait.

« Jérusalem s'est souvenue du jour de son affliction et de l'inconstance de toutes les choses désirables qui étaient siennes,

45

pour les avoir eues dès les anciens jours, lorsque son peuple tombait dans la main hostile et qu'il n'était point d'auxiliateur. Les ennemis l'ont vue et se sont moqués de ses sabbats.

« Jérusalem a grièvement péché, c'est pourquoi elle a été faite instable. Tous ceux qui la glorifiaient l'ont méprisée, parce qu'ils ont vu son ignominie ; elle-même en gémissant est retournée en arrière.

« Ses ordures sont sur ses pieds et elle n'a pas eu souvenance de sa fin. Elle est mise en bas effroyablement, n'ayant point de consolateur. Vois, Seigneur, mon affliction, puisque l'ennemi s'est dressé.

« — *Jérusalem, Jérusalem, retourne-toi vers ton Seigneur Dieu !*

« L'adversaire a mis sa main sur toutes les choses désirables qu'elle possédait ; car elle a vu les nations qui étaient entrées dans son sanctuaire, desquelles tu avais commandé qu'elles n'entrassent en ton église.

« Tout son peuple est gémissant et cherchant le pain ; ils ont donné toutes les choses précieuses pour avoir de quoi manger à la réfection de leur âme. Vois, Seigneur, et considère que je suis devenue très vile.

« Ô vous tous qui passez par le chemin, soyez attentifs et voyez s'il est une douleur comme ma douleur ; car le Seigneur m'a vendangée, ainsi qu'il l'a dit au jour du déchaînement de sa fureur.

« Il a envoyé le feu d'en haut dans mes os et il m'a ouvert l'entendement. Il a étendu le filet devant mes pieds, il m'a forcée de retourner en arrière ; il m'a laissée désolée, tout le jour broyée de tristesse.

« Le joug de mes iniquités a veillé dans sa main : elles ont été enroulées et posées à mon cou ; ma vigueur est extrêmement affaiblie et le Seigneur m'a abandonnée à une puissance dont je ne pourrai me délivrer[18].

« — Jérusalem, Jérusalem, amende-toi pour l'amour de ton pauvre Dieu qui t'implore ! »

XVIII

Jésus sera en agonie jusqu'à la fin du monde, écrivait Pascal, — le plus déplorable, je crois, d'entre les grands hommes qui se sont beaucoup trompés.

Pensée d'une haute beauté triste que le janséniste farouche, assurément, n'eût pas expliquée, et qui ne pouvait être, à ses propres yeux, qu'une hyperbole de piété.

Il serait peu facile, toutefois, d'exprimer à quel point cette combinaison de syllabes a le pouvoir d'obséder un cœur profond qui la supposerait plus qu'humaine…

À force d'aimer, le Moyen Âge avait compris que Jésus est toujours crucifié, toujours saignant, toujours expirant, bafoué par la populace et *maudit par Dieu lui-même*, conformément au texte précis de l'ancienne Loi : « Celui qui pend au bois est maudit de Dieu[19] ». Comment aurait-il pu ne pas abhorrer les Juifs ?

La Passion était pour lui si contemporaine, si flagrante, le Sang du Christ si tiède encore, si vermeil, et ses oreilles bourdonnaient si fort de la Clameur exécrable !

Ce peuple démoniaque ne hurlait-il pas, s'adressant au Lâche condamné à laver éternellement ses mains homicides : « Que son sang soit sur nous et sur nos enfants » ? Il fallait bien le satisfaire, en accomplissant, par la vilipendaison à jamais d'un peuple entier, le pénal verset de ce Testament Nouveau, prophétique autant que l'Ancien dont il fut dit qu'un iota ou un point ne passera pas aussi longtemps que subsisteront le ciel et la terre.

Les souffrances de Jésus furent le pain et le vin du Moyen-Âge, son école primaire et le pinacle sourcilleux de sa clergie. Elles furent sa demeure, son foyer plein de brandons et d'étincelles, son lit pour naître et pour mourir et, quelquefois, le paradis de ses Saints qui n'imaginaient pas mieux que de pleurer avec la Mère aux Sept Glaives et le Bon Larron, pendant des éternités.

Elles furent et devaient être, en effet, la grande émotion, le poème toujours nouveau, la rédivive péripétie d'un drame toujours angoissant, pour une société naïve où les facultés d'enthousiasme et de dilection flamboyèrent avec une magnificence que les seules fournaises du Paraclet pourront rallumer un jour.

La *Pauvreté* du Seigneur était sentie merveilleusement par ces tendres foules, et la compassion pour un Dieu si lamentable faisait quelquefois mourir d'autres pauvres qui prenaient volontiers, par-dessus leurs propres misères, tout ce qu'ils pouvaient porter de son fardeau.

Pour mieux souffrir avec lui, ils se serraient contre la Vierge navrée qui tient sur ses genoux — comme sur une croix nouvelle[20], — son grand Fils mort et arrache de sa Tête, avec des tenailles précieuses, les dures épines qu'on y enfonça.

« — Vous êtes douloureuse et lacrymable, Notre Dame Vierge Marie, disaient-ils ; à qui Vous comparer ou Vous égaler ? Votre contrition est comme la mer. Faites-moi pleurer avec Vous, *faites-moi porter la mort du Christ*, faites-moi le convive de sa Passion et le miroir de ses Plaies[21]. »

Elle seule pouvait leur conter la peine infinie du Dieu *Sans-avoir* qu'elle avait mis humblement au monde chez des animaux et qui ne s'était jamais reposé d'avoir du chagrin et de festoyer la tribulation.

XIX

Et l'immense regard désolé dont l'étoile du matin noyait tous ces compatissants avec Elle, était pour eux une réponse de la suavité la plus déchirante :

— Les méchants Juifs — croyaient-ils entendre, — ont accusé mon Enfant divin d'être un homme gourmand et buveur[22], et c'est bien vrai, je vous assure, que, même en sa Croix, il a gémi pour qu'on lui donnât à boire.

Dites-vous bien qu'à ce moment, *il voyait* MES LARMES !

Ces larmes étroitement apparentées à son Humanité sainte et armées alors contre lui de la toute-puissance d'impétration pour un univers frappé de folie, s'élevèrent comme un grand nombre de vagues autour de sa Croix solitaire...

Avant que tout fût consommé, quand toutes les prophéties anciennes avaient achevé d'engendrer leurs effroyables accomplissements, — lorsqu'après quatre fois mille ans d'humiliation, la Femme est enfin *debout*, devant l'Arbre de vie, les pieds sur la tête du Serpent et le front dans les douze étoiles, — toute la descendance misérable du premier Désobéissant, magnifiée par ma Compassion, apparut dans la splendeur de mes larmes.

Le Calice d'amertume infinie que Jésus priait son Père d'écarter de lui, sous les oliviers, et qui épouvantait son Âme sacrée jusqu'à la Sueur de sang et jusqu'à l'Agonie, il fallait maintenant le boire de la main de Celle qu'il avait choisie dès le commencement pour être le ministre sans tache de la plus cruelle partie de son Supplice.

Puisqu'il s'était plaint d'avoir soif, il fallait bien qu'il le vidât jusqu'à la dernière goutte, et il ne devait lui être permis d'expirer que lorsque toutes les larmes des générations seraient sorties de ce véritable *Calice de son Agonie* qui était Mon Cœur !

L'Ange qui l'avait assisté la veille s'était enfui vers le ciel, son Père venait de l'abandonner, la sentence rigoureuse : « Malheur à celui qui est seul », se réalisait en lui d'une manière infinie et sans exemple.

Sa Mère elle-même lui était devenue comme une étrangère, depuis qu'il s'en était dépouillé pour son disciple, avant de demander à boire.

Il était désormais seul à seule et face à face avec Judith, comme un Holopherne cloué dans le lit de sa perdition[23].

Le soleil déjà s'obscurcissait pour échapper à l'horreur de cette confrontation silencieuse et les morts commençaient à se démener dans leurs sépultures…

— Buvez, mon Fils, — disaient les voix désolées de mon abîme, — buvez ces larmes de tristesse et ces larmes de colère. Le fiel n'avait pas assez d'amertume et le vinaigre n'avait pas assez d'acidité pour éteindre une soif pareille à la vôtre.

Buvez ces larmes d'orphelins, de veuves et d'exilés ;

Buvez ces larmes d'adultères, de parricides et de désespérés ;

Buvez encore ceci qui est l'océan des larmes de l'Avarice, de la Concupiscence charnelle et de l'Orgueil ;

Buvez enfin ces larmes d'*argent* qui seront désormais l'unique patrimoine en Israël, et qu'un jour la dérision sacrilège des faux chrétiens répandra sur le catafalque vermiculeux de la vanité des morts.

Tout cela, c'est ce que le Peuple de Dieu a gardé pour le rafraîchissement de votre seconde Agonie, et c'est par moi qu'il vous l'offre, parce que c'est moi que vous désignâtes cruellement pour vous en abreuver avant votre dernier souffle.

Vous avez dit que « ceux qui pleurent sont bienheureux », et c'est parce que je pleure les larmes de toutes les générations que « toutes les générations m'appelleront Bienheureuse ».

Je n'avais parlé que *six* fois dans l'Évangile. Telle fut ma Septième Parole, inentendue de l'Évangéliste à ma droite et de Madeleine à ma gauche, mais à laquelle répondit le cri puissant du *Consummatum*.

Jésus baissa sa Tête effrayante pour que la Mort pût s'approcher…

Et le Voile du Temple fut déchiré du haut en bas, comme la robe de Caïphe ou le ventre du Proditeur, — pour exprimer que les Juifs cruels n'auraient plus que des tabernacles déserts.

XX

Les désolations et les terreurs de l'Évangile étaient ambiantes à tel point pour ces bonnes gens d'autrefois, que leur aversion à l'égard des Juifs empruntait à la nature même de leur sensibilité quelque chose de prophétique.

Non seulement les Juifs avaient crucifié Jésus ; que dis-je ? non seulement ils le crucifiaient actuellement devant eux, mais encore ils refusaient de *le faire descendre de sa Croix en croyant en lui.*

Car tous les mots du Texte sont vivants.

Pour ces âmes profondes et amoureuses, il ne pouvait être question de rhétorique ou de vaine littérature, quand il s'agissait de la Parole de Dieu.

Les faiseurs de livres, qui ont tout dilapidé, dormaient encore dans les limbes des maternités futures, et l'horreur eût été grande, si quelqu'un s'était avisé de supposer que l'Esprit-Saint avait pu raconter une anecdote ou relater un incident accessoire, élagable sans inconvénient.

On ne trouvait pas, dans le Livre, une syllabe qui ne se rapportât, en même temps, au passé et à l'avenir, au Créateur et aux créatures, à l'abîme d'en haut et à l'abîme d'en bas, — enveloppant tous les mondes à la fois d'un unique éclair, comme le tournoyant esprit de l'Ecclésiaste qui « passe en considérant les univers *in circuitu,* et qui revient en ses propres cercles ».

Ce fut d'ailleurs, à toute époque, l'infaillible pensée de l'Église qui retranche d'elle, ainsi qu'un membre pourri, quiconque touche à cette Arche sainte remplie de tonnerres : la Révélation par les Écritures, — éternellement *actuelle* au sens historique et *universelle,* absolument, au sens des symboles.

En d'autres termes, la Parole divine est infinie, absolue, irrévocable de toute manière, *itérative* surtout, prodigieusement, *car Dieu ne peut parler que de Lui-même.*

Ces âmes simples étaient donc « raisonnablement » persuadées que la Raillerie juive, consignée par les deux premiers Évangélistes, n'est rien moins qu'une échéance prophétique de l'histoire de Dieu racontée par Dieu, et leur instinct les avertissait que le « Règne terrestre » du Crucifié et la fin glorieuse de son permanent Supplice dépendaient, en quelque inexprimable façon, de la bonne volonté de ces infidèles.

XXI

Or, leur volonté précisément, était infernale. Ces maudits se savaient puissants et leur détestable joie consistait à retarder indéfiniment ce Règne glorieux attendu par les captifs, en éternisant la Victime.

Le Salut de tous les peuples était, par leur malice, diaboliquement *suspendu*, — au sens figuré comme au sens propre, — et celui des Apôtres qui avait été pharisien et qui comprenait sans doute ces choses mieux que personne, s'était vu forcé d'avouer qu'on n'était sauvé qu' « en espérance », rien qu'en espérance, et qu'il fallait encore attendre la Rédemption, en exhalant, avec le dolent Esprit du Seigneur, des « gémissements inénarrables[24] ».

Le refus de ces canailles immobilisait effroyablement, par minutes et par secondes, les plus rapides épisodes et toutes les péripéties de la Passion.

Le fétide Judas baisait toujours son Maître au Jardin et le déplorable *fils de la Colombe*, Simon-Pierre, ne s'arrêtait plus de le renier en « se chauffant » au Vestibule.

Crachats, Soufflets, Meurtrissures pleuvaient sans interruption ni merci, en même temps que le vacarme des Injures et le fracas surnaturel des *Cinq mille* Coups de lanières plombées mentionnés par la tradition, retentissaient plus horriblement que jamais, grossis et multipliés par tous les échos de la Douleur de la terre, comme le carillon des ouragans.

Sous le haut portique d'une colossale demeure d'où semblaient sortir les ténèbres, le morose Pilate se lavait les mains depuis mille ans et songeait sans doute à se les laver mille ans encore, pour savoir s'il n'obtiendrait pas de quelque océan ce qu'il avait inutilement espéré de tous les fleuves.

Et devant ce juge oblique, l'impardonnable Couronne, l'authentique « Buisson de feu » qui coiffait le Fils de la Vierge, enfonçait toujours ses pointes atroces dans le Chef divin du Supplicié que le travail des flagellateurs avait fait brûlant comme un tison.

L'énorme cri des tueurs de Dieu grondait plus fort que le rugissement obstiné d'une cataracte, aggravé par la voix plaintive des agneaux destinés à l'immolation pascale, qu'on entendait à chaque instant du côté de la Piscine probatique…

Et cette Croix de démence, le clouement et le déclouement du Christ, ses langueurs inexprimables et les Sept Paroles qu'il prononça, la Station de la Mère et cette Mort d'entre les morts qui épouvanta le soleil pendant trois heures ; tous les détails enfin de cette ribote scandaleuse de tortures dont le seul pressentiment consume les extatiques, étaient impitoyablement distincts et discernables, fixés à jamais dans le temps et dans l'espace, ankylosés par un infrangible vouloir.

« *Descendat* NUNC *de cruce*… Qu'il descende maintenant de sa croix et nous croirons en lui. Destructeur du temple de Dieu, sauve-toi toi-même. » Il n'y avait pas à sortir de cet ultimat. Rien ne finissait parce que rien ne pouvait finir et que les choses finissantes renaissaient aussitôt partout.

On saignait avec Jésus, on était criblé de ses plaies, on agonisait de sa soif, on était souffleté à tour de bras en même temps que sa Majesté sacrée, par toute la racaille de Jérusalem, et les enfants même qui n'étaient pas nés tressaillaient d'horreur dans le ventre de leurs mères, quand on entendait le Marteau du Vendredi Saint.

Les laboureurs sanglotants allumaient alors de pauvres flambeaux dans les sillons de la terre, pour que cette nourrice des malheureux ne fût pas infécondée par l'inondation des ténèbres qui s'épandaient du haut du Calvaire, ainsi qu'un interminable panache noir, au moment du Dernier Soupir.

C'était, en ce jour, le grand Interdit de la compassion et du tremblement. Les oiseaux migrateurs et les fauves habitants des bois s'étonnaient de voir les hommes si tristes, et les animaux sans colère suaient d'angoisse au fond des étables en entendant pleurer leurs pasteurs.

Les chrétiens à l'image d'un Dieu Très-Haut descendu si bas se reprochaient avec amertume de l'avoir fait à leur ressemblance et craignaient de regarder le plafond des cieux…

Depuis les Matines du Jeudi *absolu* jusqu'à l'immense alléluia de la Résurrection, le monde était livide et silencieux, artères liées, forces percluses, « chef languide et cœur dolent ». Arbitraire absolu de la Pénitence. Une seule porte lugubre environnée de pâles monstres accusateurs était entr'ouverte pour aller à Dieu. Les vitraux éclatants s'éteignaient. Les bonnes cloches ne tintaient plus. C'était à peine si on avait l'audace de naître et on n'osait presque plus mourir.

Vainement on s'efforçait de consoler la Vierge aux Épées dont les yeux brûlés de larmes ressemblaient à deux soleils morts. Cette Face maternelle, qui paraissait exiler tout réconfort, était devenue un volcan d'effroi et jetait par terre les multitudes…

« Qu'il descende ! » hurlaient toujours les chacals de la Synagogue. — Pourquoi donc, ô Israël ? Est-ce pour le dévorer, ce nouveau Joseph engendré dans ta vieillesse, à qui tu as fait une si belle « tunique de diverses couleurs[25] » et que voici dans les bras en croix de cette Rachel immobile qu'on ne peut pas consoler ?

XXII

Prions pour les perfides Juifs, pour que le Seigneur Notre Dieu enlève le voile de leurs cœurs et qu'ils reconnaissent, eux aussi, Notre Seigneur Jésus-Christ. Sempiternel Dieu Tout-Puissant, qui ne rejetez de votre miséricorde pas même la perfidie Juive, exaucez les prières que nous déférons à vous, à cause de l'aveuglement de ce peuple, pour qu'ayant connu la lumière de votre vérité qui est le Christ, il soit arraché de ses ténèbres. »

Telles étaient et telles seront jusqu'à la FIN les prières de l'Église pour l'étonnante postérité d'Abraham. Prières absolument solennelles qui ne sont récitées publiquement que le seul jour du Vendredi Saint.

En ce moment-là, sans doute, les cœurs d'autrefois s'arrêtaient de battre et le silence des colères était prodigieux, dans l'espoir universel d'entendre venir des lieux souterrains le préliminaire soupir de la conversion du Peuple obstiné.

On sentait confusément que ces hommes de crasse et d'ignominie étaient, quand même, les geôliers de la Rédemption, que Jésus était leur captif, que l'Église était leur captive, que leur consentement était nécessaire à la diffusion des allégresses et que c'était pour cela qu'un miracle persistant gardait leur progéniture.

En accomplissement de la plus impénétrable des lois, ils étaient puissamment ancrés dans leur volonté mauvaise d'assoupir la Force de Dieu et d'ajourner implacablement sa Gloire, pour qu'en effet l'une et l'autre parussent oisives en présence des désespoirs de l'humanité, — jusqu'à l'heure admirablement occulte où la Propitiation douloureuse du Verbe fait Chair serait consommée *dans tous ses membres*.

Et cette heure furtive, Jésus lui-même avait déclaré ne la point connaître, affirmant que « nul, excepté le Père, ne la connaissait[26] !... »

Mais où le mystère devenait intolérable complètement, c'était à l'idée que ce moment unique, désiré faméliquement, depuis tous les âges, par l'universalité des créatures, dépendait encore et toujours de ces mêmes Juifs, créanciers inexorables de l'Esprit-Saint, qui mettaient *opposition* sur le Sang du Christ.

Les siècles avaient coulé comme de l'eau et les générations vivantes s'étaient empilées sur les générations mortes. On avait beau produire des titres ou des cédules paraphés de ce précieux Sang et contresignés du sang de tous les Martyrs ; on ne rencontrait jamais que l'odieux visage de ces usuriers du Consolateur et la magnificence de Dieu restait close.

C'est en ce sens que les Juifs, si durement opprimés par les adorateurs de la Croix, faisaient couler en revanche tant de pleurs chrétiens derrière eux, et de si terribles pleurs qu'on aurait pu croire vraiment que la Mer rouge s'était élancée à leur poursuite... et c'est pourquoi l'Église avait le courage de prier pour eux d'un cœur déchiré.

XXIII

Les Juifs ne se convertiront que lorsque Jésus sera descendu de sa Croix, et précisément Jésus ne peut en descendre que lorsque les Juifs se seront convertis.

Tel est l'impossible dilemme où le Moyen-Âge se tordit comme dans les branches d'un étau. Aussi ne s'interrompait-il de maudire ou de massacrer ces antagonistes abominables que pour se traîner à leurs pieds, en les suppliant, avec des sanglots, d'avoir pitié du Dieu pâtissant.

Il n'existe pas de poème qui puisse être comparé à cet agenouillement insensé de toutes les nations devant un troupeau de brutes fangeuses, pour les implorer *au Nom* de la Sagesse éternelle en agonie :

« *Quid feci tibi, aut in quo contristavi te ?*

« — Ô mon peuple ! que t'ai-je fait et en quoi t'ai-je contristé ? Réponds-moi.

« Parce que je t'ai mené hors de la terre d'Égypte, tu as préparé une croix à ton Sauveur…

« Parce que je t'ai guidé quarante ans dans le désert et que je t'ai nourri de manne, et que je t'ai introduit dans une terre très-bonne, tu as préparé une Croix à ton Sauveur…

« Qu'ai-je dû faire en outre pour toi que je n'aie point fait ? Je t'ai planté comme ma vigne magnifique, devenue pour moi très-amère, car tu as abreuvé ma soif de vinaigre et tu as percé d'une lance le côté de ton Sauveur…

« À cause de toi, j'ai flagellé l'Égypte avec ses premiers-nés, et tu m'as livré pour être fouetté…

« J'ai marché devant toi dans la colonne de nues, et tu m'as conduit au prétoire de Pilate…

« Je t'ai repu de manne dans le désert, et tu m'as donné des soufflets et des coups de verges…

« À cause de toi, j'ai frappé les rois des Chananéens, et tu as frappé mon chef d'un roseau…

« Je t'ai donné le sceptre royal, et tu as donné à ma tête une couronne d'épines…

« Que t'ai-je donc fait ? ô mon peuple !… Je t'ai exalté en grande force, et tu m'as suspendu à la Croix patibulaire[27]… »

Imploration vaine et refus insultant toujours identique. « Il a mis sa confiance en Dieu. Que Dieu le délivre donc maintenant, s'il tient à lui, puisque ce sauveur des autres a prétendu qu'il était son Fils ! » La menace de l'écroulement des cieux n'aurait pu leur arracher une autre réponse.

XXIV

La Race anathème fut donc toujours, pour les chrétiens, à la fois un objet d'horreur et l'occasion d'une crainte mystérieuse.

Sans doute, on était le troupeau soumis de la douce et puissante Église, infaillible et indéfectible, au sein de laquelle on était assuré de ne pas périr ; mais on savait bien aussi que le Seigneur n'avait pas tout dit, que sa révélation parabolique ou similitudinaire n'était pénétrable qu'à une faible profondeur...

On sentait *là* quelque chose qui n'était pas expliqué, que l'Église elle-même ne connaissait pas tout à fait et qui pouvait être infiniment redoutable.

Autrement, pourquoi ces fureurs, ces supplications ?

Si on avait la force ou l'audace de s'aventurer jusqu'au bord du gouffre, de se pencher sur l'effrayant entonnoir des arcanes indévoilés, c'était à mourir par le vertige de songer seulement qu'Israël, si « fort contre Dieu » et qui méprisait tant les leçons du Christ, était, néanmoins, *l'unique*, peut-être, ayant eu véritablement le droit et la confondante prérogative d'exhaler — à partir du cinquième millénaire de la Catastrophe primordiale — la cinquième revendication du *Pater noster :* « Remets-nous nos dettes comme nous remettons à nos débiteurs » ?

Quelles dettes ? Quels débiteurs ?

Puisque les fils de Jacob ont le pauvre pour créancier, — le Pauvre qui est Fils de Dieu, — ne faut-il pas qu'ils soient à leur tour, en un sens plus mystérieux, les créanciers de ce prodigue Esprit-Saint dont Jésus aurait, par sa mort, laissé *protester* les Écritures ?...

Et cette mort elle-même, qui fut leur ouvrage, ne serait-elle pas alors, et par conséquent, la canaillerie profonde et parfaite, la scélératesse *en abîme* que la précision liturgique a désignée sous le nom très-particulier de « perfidie juive » ?

Ne s'agissait-il pas, en effet, — pour ne pas sortir des comparaisons abjectes qui conviennent si parfaitement au Dieu de l'abjecte humanité, — de faire *des frais* au Consolateur pour le contraindre à *satisfaire*, avec une extrême usure, fût-ce dans vingt siècles, aux dépens du douloureux Christ qui continuerait à saigner et à mourir sur le bois d'opprobre, en attendant que les exacteurs cruels s'estimassent désintéressés ?

Car le Salut n'est pas une plaisanterie de sacristains polonais, et quand on dit qu'il a coûté le sang d'un Dieu incarné dans de la chair juive, cela veut dire qu'il a *tout* coûté depuis les temps et depuis les éternités.

Qu'on se souvienne de ce Père qui attend toujours, lui aussi, et qui attend bien mieux que personne, puisqu'il est seul à savoir la Fin.

L'histoire de l'Enfant prodigue est une parabole si lumineuse de son éternelle Anxiété béatifique dans le fond des cieux, qu'elle en est devenue banale et que nul n'y comprend plus rien.

Allez donc dire aux catholiques modernes que le Père dont il est parlé dans le récit de saint Luc, lequel partage la SUBSTANCE entre ses deux fils, est Jéhovah lui-même, s'il est permis de le nommer par son Nom terrible ; que le fils aîné demeuré sage, et qui « est toujours avec lui », symbolise, à n'en pas douter, son Verbe Jésus, patient et fidèle ; enfin que le fils plus jeune, celui qui a voyagé dans une « région lointaine où il dévora sa substance avec des prostituées », jusqu'au point d'être réduit à garder les porcs et à « désirer d'emplir son ventre des siliques mangées par ces animaux », signifie, très-assurément, l'Amour Créateur dont le souffle est vagabond et dont la fonction divine paraît être, en vérité, depuis six mille ans, de nourrir les cochons chrétiens après avoir pâturé les pourceaux de la Synagogue !

Ajoutez, si cela vous amuse, que le Veau gras « qu'on tue, qu'on mange et dont on se régale », pour fêter la résipiscence du libertin, est encore ce même Christ Jésus dont l'immolation chez les « mercenaires » est inséparable toujours de l'idée d'affranchissement et de pardon.

Essayez un peu de faire pénétrer ces similitudes grandioses, familières tout au plus à quelques lépreux, dans la pulpe onctueuse et cataplasmatique de nos dévots accoutumés dès l'enfance à ne voir dans l'Évangile qu'un édifiant traité de morale, — et vous entendrez de jolies clameurs !

XXV

Je n'ai certes pas lieu de supposer que les chrétiens du Moyen-Âge possédaient, en général, de si transcendantes aperceptions sur Dieu et sur sa Parole. Mais, n'ayant pas vu le dix-septième siècle ni la Compagnie de Jésus, ils étaient simples et lorsqu'ils ne croyaient pas d'une âme amoureuse, ils croyaient tout de même d'un cœur tremblant, comme il est écrit des démons[28], — et c'était assez pour qu'ils devinassent au moins quelque chose, pour que leurs craintes ou leurs espoirs allassent plus loin que les horizons de cheptel entrevus par les somnolents bestiaux de la piété contemporaine.

« Ce n'est pas pour rire que je t'ai aimée », entendit un jour la visionnaire sublime de Foligno. Ce naïf mot raconte l'histoire de plusieurs centaines de millions de cœurs.

La religion n'était pas risible alors et la Vie divine aperçue partout était, pour ces simples gens, la chose du monde la plus sérieuse, la plus péremptoire.

Il est parlé dans l'Évangile d'un certain Simon de Cyrène que les Juifs contraignirent à porter la Croix avec Jésus qui succombait sous le fardeau. La tradition nous apprend que c'était un homme pauvre et pitoyable qui voulut, aussitôt après, devenir chrétien pour avoir le droit de pleurer sur lui-même en se souvenant de la Victime dont il avait eu la gloire de partager l'ignominie.

Ne vous semble-t-il pas, comme à moi, qu'un tel adjoint du Rédempteur mortifié est une évidente préfiguration de ce Moyen-Âge plein de potences et de basiliques[29], plein de ténèbres et d'épées sanglantes, plein de sanglots et de prières, qui, durant l'espace de mille ans, mit sur ses épaules tout ce qu'il put de l'immense Croix, — cheminant ainsi dans les vallons noirs et sur les collines douloureuses, élevant ses fils pour la même angoisse, et ne se couchant sous la terre que

69

lorsqu'ils avaient assez grandi pour substituer aisément leur compatissance à la sienne ?

Prodigieuse, inlassable résignation !

Point de pain quelquefois, et jamais de repos ;

Sa femme, ses enfants, les soldats, les impôts,

     Le créancier et la corvée

Lui font d'un malheureux la peinture achevée.

Il appelle la Mort. Elle vient sans tarder,

     Lui demande ce qu'il faut faire.

     — C'est, dit-il, afin de m'aider

À recharger ce Bois…..

Ah ! La Fontaine s'est trompé. Ce n'était pas un *fagot* que les bûcherons priaient la Mort de les aider à remettre sur leurs épaules.

C'était le BOIS du Salut du monde, l'« Espérance unique » du genre humain que les Juifs les forçaient impitoyablement à porter.

Ils ne disaient jamais non, bien qu'ils fussent exterminés de fatigues, enveloppés dans un perpétuel brouillard de misères, et si, parfois, ils se ruaient contre les perfides, c'était, comme je l'ai dit, parce que ceux-ci refusaient de mettre fin aux Langueurs du Christ ; — sentiment d'une tendresse ineffable que personne jamais ne comprendra plus !

XXVI

Il est vrai que les Circoncis eux-mêmes sont condamnés à porter la Croix depuis dix-neuf siècles, mais d'une toute autre manière.

J'ai dit plus haut que les Juifs du Moyen-Âge, traqués à la fois par toutes les meutes de l'indignation ou de la générosité chrétiennes, avaient encore la ressource de leur opposer, en écumant, le *Signe* terrifique déterré dans les ossements du premier Caïn, en vertu duquel nul ne pouvait les exterminer par le glaive de la Colère ou le glaive de la Douceur, sans être puni *sept* fois, c'est-à-dire sans s'exposer aux représailles infinies du Septénaire omnipotent que les chrétiens nomment le Saint-Esprit.

Or, le signe dont fut marqué le Patriarche des tueurs et que Moïse n'a pas eu la permission de révéler pouvait être fort bien le Signe même de la *Croix*, si on tient pour règle certaine l'inspiration perpétuellement réitérative des Textes sacrés.

Cette histoire merveilleuse de Caïn où les moralisants excogitateurs d'exégèse n'ont absolument rien vu, sinon qu'il est mal d'égorger son frère, donne, en quelques versets d'une concision effrayante, l'itinéraire complet de la Volonté divine explicitement déclarée dans les soixante-douze livres surnaturels dont l'ensemble constitue la Révélation.

Il n'existe pas dans l'Écriture un raccourci plus prodigieux. C'est au point que les noms d'Abel et de Caïn, *affrontés* ensemble, forment une espèce de monogramme symbolique du Rédempteur :

Agnus Bajulans Ego Lignum,

Crucis Amanter Infamiam Nobilitavi.

Etc., etc.

71

On pourrait multiplier à l'infini ce jeu d'initiales qui faisait l'amusement des écolâtres anciens.

Mais il s'agit là d'un point central, de l'axe même des paraboles à venir, de l'essieu des Roues d'Ézéchiel, et si on veut parler sérieusement de ces deux premiers fils d'Adam qui sont à l'aube des antagonismes humains, toutes les Idées essentielles vont se précipiter en poussant des cris...

Qu'il suffise d'observer que le Seigneur, *ne pouvant parler que de Lui-même,* est nécessairement représenté du même coup par l'un et par l'autre, par le meurtrier aussi bien que par la victime, par celle-ci qui est sans gardien et par celui-là qui n'est le « gardien » de personne.

L'innocent Abel « pasteur de brebis », tué par son frère, est une évidente figure de Jésus-Christ ; et le fratricide Caïn, maudit de Dieu, errant et fugitif sur la terre, en est une autre non moins certaine, — puisqu'ayant tout assumé, le Sauveur du monde est, à la fois, l'Innocence même et le *Péché* même, suivant l'expression de saint Paul[30].

L'aventure du Prodigue rappelée tout à l'heure, n'est, au fond, qu'une des innombrables versions de cette première aventure de l'humanité.

Il est vrai que le compagnon des pourceaux n'a pas tué son frère, mais celui-ci est néanmoins immolé sous les espèces du Veau gras, et le bienvenu porcher reçoit, — lui aussi, — de la main du Père et Seigneur, quelques *signes* mystérieux d'une fort étrange sollicitude...

Dans l'immense forêt pénombrale des Assimilations scripturaires, c'est bien toujours la même histoire et la trame infiniment compliquée du même secret.

Sous l'impulsion de ces insolites pensées, dire que les Juifs sont marqués de la Croix tout autant que les chrétiens et tout autant que put l'être le Fratricide, c'est risquer au plus une

Lapalissade, — scandaleuse, j'en conviens, comme toutes les Lapalissades.

Ne voit-on pas, en effet, que c'est en accomplissant ce qui pouvait être imaginé de plus identique à la boucherie du vieux Caïn, qu'ils déterminèrent le Christianisme, aussi impossible sans eux que le « Cri du Sang d'Abel » sans le premier meurtre ? — et, de même que les chrétiens portent la Croix en saillie sur leurs poitrines ou sur les frontons de leurs tabernacles, ils la portent en creux dans leurs âmes dévastées ou dans les cavernes périlleuses de leurs synagogues.

Quoi qu'ils disent et quoi qu'ils fassent, ils ne peuvent pas n'être pas l'intaille du Sceau de la Rédemption.

Et c'est pourquoi leur dégoûtant aspect est encore plus démonstrateur que celui des meilleurs chrétiens qui peuvent si facilement altérer, — par leur propre volonté, — le relief de l'Effigie salutaire.

Cette empreinte béante, élargie comme le précipice du Chaos, par l'œcuménique dilatation du Catholicisme, ils ont essayé de la combler en la remplissant d'argent, et ils n'ont réussi qu'à donner à ce terrible cancer l'apparence d'un astre blafard, — se rendant eux-mêmes tout à fait semblables à des miroirs de concupiscence et de mort.

XXVII

Oserai-je dire maintenant, fût-ce avec des timidités de colombe ou des prudences de serpent, au risque de passer pour un misérable fomentateur de sophismes hétérodoxes, le conflit adorablement énigmatique de Jésus et de l'Esprit-Saint ?

J'ai parlé de Caïn et d'Abel, de l'Enfant prodigue et de son frère, comme j'aurais parlé du mauvais Larron et du bon Voleur qui les évoquent si étrangement.

J'aurais pu tout aussi bien rappeler l'histoire d'Isaac et d'Ismaël, de Jacob et d'Ésaü, de Moïse et du Pharaon, de Saül et de David et cinquante autres moins populaires, où la Compétition mystique des Aînés et du Puîné, décisivement et *sacramentellement* promulguée sur le Golgotha, fut notifiée, tout le long des âges, dans le mode prophétique.

Les frères anathèmes ou persécuteurs représentent toujours le Peuple de Dieu *contre* le Verbe de Dieu. C'est une règle invariable et sans exception que l'Éternité ne changerait pas.

Or, le Peuple de Dieu, c'est le lamentable peuple des Juifs particulièrement dévolus au Souffle du Sabaoth qui les fit tant de fois résonner comme les harpes des bois séculaires.

Israël est donc investi, par privilège, de la représentation et d'on ne sait quelle très-occulte protection de ce Paraclet errant dont il fut l'habitacle et le receleur.

Pour qui n'est pas destitué de la faculté de contemplation, les séparer semble impossible, et plus l'extase est profonde, plus étroitement soudés l'un à l'autre ils apparaissent. Cela finit par ressembler, dans la perspective des gouffres, à une sorte d'identité.

Mais voici quelque chose de singulier. La Croix représente aussi l'Esprit-Saint. Elle est l'Esprit-Saint lui-même !

« Un jour la Terre apprendra, pour en agoniser d'épouvante, que ce Signe était mon Amour, c'est-à-dire l'ESPRIT-SAINT caché sous un travestissement inimaginable[31] !... »

La Croix est un signe essentiellement Septénaire.

En conséquence, les Juifs, si prodigieusement harmoniques à l'Esprit-Saint dont on entend perpétuellement la voix *juive* dans le contre-bas de nos liturgies, parce que cet Esprit a soufflé sur eux comme l'ouragan, — les Juifs donnent précisément la Croix au Verbe de Dieu pour que l'écrasant Amour soit sur Lui dans sa forme symbolique la plus parfaite et la plus dure.

À cette Croix, dont s'affligent les Sept Jours, ils clouent fortement le même Verbe de Dieu qui est le pauvre Jésus, comme les barbares paysans clouent l'oiseau de la Sagesse à la porte de leur maison.

Ils le clouent de façon puissante pour qu'il ne descende pas sans leur permission.

Sept coups de marteau pour la Main droite, Sept pour la Main gauche et Sept encore pour l'effroyable pointe échardée qui transperce les deux Pieds du Bon Pasteur ; — afin que soit obtenu le nombre significatif de *vingt et un* qui fut celui des années de ce dérisoire Sédécias, au Nom magnifique[32], lequel « ne rougissait pas devant la face de Jérémie », quand il monta sur le trône souillé de Jérusalem, dont le triste peuple allait être fait captif.

Ce n'est pas tout, la Croix est ignoble et elle fait le Verbe de Dieu ignoble comme elle.

La Croix est folle et le Verbe de Dieu, par la volonté du peuple hostile, devient l'Époux de sa démence.

La Croix est infirme, elle est immobile, capable seulement de torturer, et la toute-puissante PAROLE incarnée du « Dieu des Dieux », couchée dans ses bras, devient infirme avec elle, incapable de mouvement et bourreau de ses plus chers qui devront être « configurés » à son supplice…

Ah ! s'ils pouvaient être séparés un jour ! Mais les Juifs seuls ont le pouvoir d'abroger la loi de tourments qu'ils édictèrent, *sans savoir ce qu'ils faisaient*, par une étonnante impulsion d'En Bas.

La gloire de cette Parole qu'ils ont méconnue et l'avènement de l'Amour tant annoncé par leurs prophètes ne peuvent arriver ensemble que le jour où Jésus aura cessé d'être en Croix, et cela dépend exclusivement de la Volonté inconnue qui suscita leur malice.

Mais il était un million de fois nécessaire de les clouer auparavant l'un à l'autre avec cruauté, pour qu'ainsi fussent miraculeusement avérées, dans le futur, les *impossibles* accordailles des deux Testaments…

Quelques éclairs plus rapides que la lumière, voilà tout ce qu'il est permis d'espérer. La Révélation est un firmament très-pâle offusqué par des montagnes de nues ténébreuses d'où sort quelquefois, pour s'y replonger aussitôt, l'extrémité du bras de la foudre.

Quant au Soleil, il n'a pu se remettre encore de son émotion du Vendredi Saint, et nous savons que les « iotas ou les points » ne pardonnent pas, qu'ils sont aussi implacables et ne se laissent pas mieux pénétrer que les apologues ou les oraisons les plus grandiloques de cette Écriture scellée Trois et Quatre fois, dont tant de chrétiens ont imaginé de si confortables explications.

XXVIII

Je sais trop combien doit paraître absurde, monstrueux et blasphématoire de supposer un antagonisme au sein même de la Trinité ; mais il n'est pas possible de *pressentir* autrement l'inexprimable destinée des Juifs, et quand on parle amoureusement de Dieu, tous les mots humains ressemblent à des lions devenus aveugles qui chercheraient une source dans le désert.

Il s'agit bien vraiment d'une rivalité pouvant être conçue par des hommes !

Tous les viols imaginables de ce qu'on est convenu d'appeler la Raison peuvent être acceptés d'un *Dieu qui souffre*, et quand on songe à ce qu'il faut croire pour être seulement un misérable chien de chrétien, ce n'est pas un très-grand effort de conjecturer de surcroît « une sorte d'impuissance divine *provisoirement* concertée entre la Miséricorde et la Justice en vue de quelque ineffable récupération de Substance dilapidée par l'Amour[33] ».

Puisqu'on nous enseigne, dès le commencement de la vie, que nous fûmes créés à la ressemblance de Dieu, est-il donc si difficile de présumer bonnement, comme autrefois, qu'il doit y avoir, dans l'Essence impénétrable, quelque chose de correspondant à nous, *sans péché*, et que le synoptique désolant des troubles humains n'est qu'un reflet ténébreux des inexprimables conflagrations de la Lumière ?

S'il existe au monde un fait notoire vérifié par l'expérience la plus rectiligne, c'est l'impossibilité d'assortir et d'atteler efficacement l'Amour avec la Sagesse. Les deux incompatibles chevaux de ton char funèbre s'entre-dévorent depuis toujours, ô identique Humanité !... Que celui qui peut comprendre, comprenne ; mais assurément, c'est là que se cache le Secret de Dieu.

Et voici maintenant que, du fond des hypogées de la mémoire, me revient un apologue sublime d'Ernest Hello sur la Gloire et la Justice, — réduplicatives appellations de ces deux antagonistes éternels.

Cette *parabole* étonnante, qui ne fut peut-être jamais écrite et que l'auteur, vraisemblablement, n'eût pas osé publier, je la livre de bon cœur, telle à peu près qu'il me la conta lui-même, quelques années avant de mourir.

Le Juge vient à son heure que nul ne connaît. À son approche, les morts ressuscitent, les montagnes tremblent, les océans se dessèchent, les fleuves s'envolent, les métaux entrent en fusion, les plantes et les animaux disparaissent ; les étoiles accourues du fond des cieux montent les unes sur les autres pour assister à la Séparation des bons d'avec les méchants. L'épouvante humaine est au-delà de ce qui peut être pensé.

« — J'ai eu faim et vous ne M'avez pas donné à manger ; J'ai eu soif et vous ne M'avez pas donné à boire ; J'étais étranger et vous ne M'avez pas accueilli ; J'étais nu et vous ne M'avez pas vêtu ; J'étais malade et captif et vous ne M'avez pas visité[34]… »

C'est tout le Jugement, — effroyablement infaillible, effroyablement sans appel.

Enfin, un homme se présente, un être horrible, noir de blasphème et d'iniquités.

C'est le seul qui n'ait pas eu peur.

C'est celui-là et non pas un autre qui fut maudit des malédictions du ciel, maudit des malédictions de la terre, maudit des malédictions de l'abîme d'en bas. C'est pour lui que la malédiction descendit jusqu'au centre du globe pour y allumer la colère qui devait dormir jusqu'au Jour des grandes Assises.

C'est lui qui fut maudit par les cris du Pauvre, plus terribles que les rugissements des volcans, et les corbeaux des torrents ont affirmé aux cailloux roulés dans le lit des fleuves qu'il était vraiment maudit par tous les souffles qui passaient sur les champs en fleurs.

Il fut maudit par l'écume blanche des vagues exaltées dans la tempête, par la sérénité du ciel bleu, par la Douceur et la Splendeur, et maudit enfin par la fumée qui sort des chaumières à l'heure du repas des très-humbles gens.

Et comme tout cela n'était rien encore, il fut maudit dans son infâme cœur, maudit par CELUI qui a besoin, *éternellement* besoin, et que jamais il ne secourut.

Il se nomme peut-être Judas, mais les Séraphins qui sont les plus grands des Anges ne pourraient pas prononcer son *nom*.

Il a l'air de marcher dans une colonne de bronze.

Rien ne le sauverait. Ni les supplications de Marie, ni les bras en croix de tous les Martyrs ni les ailes éployées des Chérubins ou des Trônes... Il est donc damné, et de quelle damnation !

— *J'en appelle !* dit-il.

Il en appelle !... À ce mot inouï les astres s'éteignent, les monts descendent sous les mers, la Face même du Juge s'obscurcit. Les univers sont éclairés par la seule Croix de Feu.

— À qui donc en appelles-tu de Mon Jugement ? demande à ce réprouvé Notre Seigneur Jésus-Christ.

C'est alors que, dans le silence infini, le Maudit profère cette réponse :

— *J'en appelle* DE TA JUSTICE A TA GLOIRE !

XXIX

Parmi tous les préjugés ou congénitales opinions dont la multitude s'accommode, il n'existe rien de plus fortement rivé dans l'âme chrétienne que le lieu commun surbanal qui consiste à expliquer la fameuse cupidité juive et l'instinct de mercantilisme universel du peuple errant par un rigoureux décret qui le châtierait ainsi d'avoir trafiqué de son Dieu.

Incontestablement, à partir de la vendition du Christ où cet instinct se déchaîna, les Juifs ont été fixés dans leur infidélité, juste au point mathématique où se consommait ignoblement leur vocation de dépositaires des prophéties ; — de même que tous les hommes, d'après la Théologie, sont irrémédiablement amarrés à la circonstance précise du péché dont ils sont impénitents, quand la mort vient les y surprendre.

Je n'ai jamais dit autre chose et je crois même avoir assez entr'ouvert sur les lieux obscurs cette porte blême de l'Irrévocable.

Mais le « Ver » de leur damnation les rongeait à l'*intérieur*, depuis très-longtemps, lorsqu'il apparut. Car l'essence, des choses ne dévie pas, les plus atroces pervers n'ont pas le pouvoir de supplanter leur propre nature et il serait contraire aux arrangements indéclinables de Dieu que les Juifs n'eussent pas toujours été, substantiellement, ce qu'on les voit être aujourd'hui, et cela dès l'origine, — jusque dans les flancs d'Abraham qui les a tous engendrés.

L'immensité de ce Nom, béni au-dessus de tous les noms, et la sainteté colossale du Patriarche n'y peuvent rien.

Que dis-je ? Ne donnent-elles pas justement, pour l'effroi de la pensée, quelque mesure appréciable de la chute en avalanche de *ses* innombrables enfants qui ne cessent de dégringoler au travers de l'histoire humaine, en rebondissant contre toutes les parois sonores ?

En ce tabernacle sublime qui se nomme pour l'éternité le « Sein d'Abraham » dut exister, tout d'abord, à l'état d'indicible germe, l'horrible ivraie de malédiction et de dégoût que cultive exclusivement, avec tant de soin, la postérité cadavéreuse de l' « Appelé » de Jéhovah.

En d'autres termes, celui qui fut désigné l' « Ami de Dieu pour toujours » et qui n'eut jamais « son semblable en gloire », dut porter au dedans de lui, — sous les espèces de la lumière, — toute la chiennerie des usures et des brocantages dont sa descendance lointaine, réprouvée du genre humain, devrait subsister dans les temps futurs.

L'admirable négociation de l'amnistie de Sodome, au XVIIIe chapitre de la Genèse, en est un exemple confondant.

Qu'il me soit donc permis, pour délivrer enfin tout à fait mon âme, d'en citer ici une paraphrase un peu plus qu'extraordinaire...

L'auteur dont j'ai promis de respecter l'anonyme et qui est, je crois, — en même temps qu'un pestiféré, — le dernier fervent de la haute exégèse des anciens jours, apparaît ici tel qu'un intraitable spéculatif d'*Absolu*, ne consentant pas à se déplacer un seul instant de ce point : qu'Abraham est absolument le *Père* du Fils de Dieu par Marie et que c'est au nom de la Vierge Mère qu'il lui faut parler...

Il est bien entendu que cette page est offerte comme ces caractères en relief qui servent à l'éducation littéraire des jeunes aveugles.

Les lecteurs au tâtonnement lucide y trouveront à coup sûr une preuve singulière de la *juiverie* du Patriarche qui marchande pied à pied, — comme un Youtre d'Alger ou de Varsovie marchanderait un haillon pourri, — le très-juste assouvissement de son Seigneur en colère.

Miséricordieuse, adorable juiverie des commencements, lorsque le nom même des Juifs n'était pas encore et que les chevreaux des pasteurs pouvaient exulter sur des collines pleines de parfums et d'encensoirs, que n'avait pas profanées l'abomination du Peuple de Dieu !

XXX
LA PREMIÈRE SPÉCULATION JUIVE

La clameur de Sodome et de Gomorrhe s'est multipliée, dit le Seigneur, et leur péché s'est excessivement aggravé [35].

Cette parole est adressée *confidentiellement* à Abraham, aussitôt après la promesse d'un Fils en qui toutes les nations de la terre seront bénies. Promesse qui a fait rire la vieille Sara « derrière la porte du tabernacle », comme elle avait fait rire, quelques jours auparavant, le centenaire Abraham.

Le rire est très-rare dans l'Écriture. Abraham et Sara, ces deux ancêtres de la douloureuse MARIE, Mère des Larmes, sont chargés de l'inaugurer, et cette circonstance mystérieuse est considérable à tel point que le nom de la première tige du rouvre généalogique de la Rédemption, au moment où cet arbre sort de terre, c'est précisément Isaac qui signifie *Rire*.

C'est lorsque l'air vibre encore de ce rire surprenant que Dieu raconte à son Patriarche la clameur des villes coupables et que commence la sublime histoire des Cinquante Justes.

La beauté infinie de cet endroit commande un si grand respect et une si tremblante admiration, qu'il est à peine possible d'espérer qu'on ne blasphémera pas en essayant de le commenter.

Il faut se souvenir qu'on est à l'origine de tout, et que le Peuple élu, c'est-à-dire l'Église militante, vient d'être appelé.

Abraham, *le Père élevé de la multitude*, l'Homme unique dont Noé n'était que la figure, et dans le Sein de qui les âmes vivantes des justes doivent un jour abriter leur gloire ; Abraham offre l'hospitalité de sa tente aux Trois Personnes divines qui lui sont apparues dans la vallée de Mambré, à l'heure de la grande « ferveur » du jour[36].

Dans son empressement à les servir, l'Aïeul de Marie multiplie les symboles et les figures, et, après une série d'actes qui font penser au Sacrifice de la Messe, il finit par *se tenir debout* sous L'ARBRE, tout près d'eux.

C'est l'heure du renouvellement de la Promesse. Le Seigneur reviendra dans le temps marqué, et Sara, l'habitante du tabernacle, aura un Fils. Moïse, David, Salomon et les dix-sept Prophètes de la loi d'attente n'auront plus autre chose à faire, désormais, que de répercuter en échos cette annonce béatifique de la naissance du *véritable* Enfant d'Abraham qui sera le Sauveur des autres.

Après un tel don où la Tendresse infinie s'est pour ainsi dire épuisée, le même Seigneur « ne peut » plus rien cacher à celui qu'il aime, et il lui fait connaître son terrible dessein de perdre Sodome et Gomorrhe dont la *clameur* est montée jusqu'à lui.

L'espèce de métonymie scripturale employée ici pour exprimer l'énormité inouïe du péché que Dieu va punir, laisse dans la pensée une empreinte singulière. Il paraît que le crime a une voix comme l'innocence, et que l'abomination de Sodome *crie* comme le sang d'Abel.

— Je descendrai, ajoute le redoutable Interlocuteur, et je verrai si leurs œuvres répondent à ce cri qui est venu vers moi ; je veux savoir si cela est ainsi ou si cela n'est pas.

Ces derniers mots sont une provocation ineffablement paternelle à la prière audacieuse qui va suivre. Ce que le Seigneur veut *voir* surtout, c'est l'humilité de son serviteur, humilité qui éclatera d'autant plus que ses supplications seront plus pressantes et, en apparence, plus téméraires. C'est pour cela qu'il *descend*, et c'est ce prodige de sa Grâce qu'il veut s'attester à lui-même.

Pour sentir la sublimité de cette scène, il n'est pas inutile de penser à ce que Jésus exprime si profondément quand il parle du « Sein d'Abraham »[37]. Le Patriarche porte en lui Jérusalem, et il prie dans toute la force de la Bénédiction universelle qu'il vient de recevoir, — projetant ainsi cette parabole infinie de prophétiques extases qui commence à lui, et qui, après avoir enjambé toute la *pérégrination* de Jacob, doit s'achever avec splendeur dans le dernier verset du « Magnificat ».

Sodome est la ville du Secret, et Gomorrhe est la ville de la Rébellion[38]. Elles paraissent représenter deux formes inconnues de l'attentat contre l'Amour, avec une aggravation spéciale pour la première, en faveur de laquelle Abraham intercède particulièrement, comme si le salut des rebelles dépendait du pardon accordé aux clandestins et aux idolâtres.

Marie ne devant parler que *six* fois dans l'Évangile, Abraham, chargé de figurer l'Intercession de cette Mère des vivants, ne demandera que SIX fois la grâce des coupables, et il la demandera, non pour que le crime soit épargné, mais pour que « le juste ne soit pas enveloppé dans le châtiment de l'impie ».

— S'il se trouve CINQUANTE justes dans la cité, dans la vraie Cité qui sera le cœur de votre Mère, ne pardonnerez-vous pas ? *Cinquante* coudées faisaient toute la largeur de l'Arche dans laquelle la race humaine fut sauvée[39]. Non, vraiment, il n'est pas possible que vous fassiez cette chose : que vous extermíniez le juste avec l'impie, et que l'innocent soit traité comme le coupable ; cela n'est pas digne de vous qui jugez toute la terre. Vous ne pourrez, en aucune façon, exercer un tel jugement[40].

— Je pardonnerai à cause d'eux, prononce le Seigneur.

Abraham se replie sur lui-même. Il considère qu'il n'est que « cendre et poussière », mais enfin, puisqu'il a commencé, pourquoi ne continuerait-il pas de parler à son Maître ?

— S'il s'en fallait de cinq, hasarde-t-il, qu'il y eût cinquante justes, détruiriez-vous toute la ville parce qu'il n'y en aurait que QUARANTE-CINQ ?

Le Seigneur considère à son tour qu'étant tout-puissant, il peut tout perdre, mais qu'il faudra *quarante-cinq* colonnes parfaitement droites et magnifiques pour soutenir la coupole du palais mystique de Salomon[41], et il promet de ne pas détruire la ville s'il y trouve quarante-cinq justes.

Abraham parle une troisième fois.

— Mais s'il y a QUARANTE justes, que ferez-vous ? Ah ! oui, Seigneur, que ferez-vous ? Le Déluge a duré *quarante* jours et autant de nuits, après lesquels vous fermâtes les fontaines de l'abîme ; votre peuple est prédestiné à se lamenter *quarante* ans dans le désert, avant d'arriver à la région de son désir ; Ézéchiel, le voyant de votre gloire et l'appariteur de vos Évangélistes, annoncera, dans quelques siècles, l'assomption par vous de l'iniquité de Juda, pendant les *quarante* jours de votre jeûne[42]. Que ferez-vous de Sodome si vous y découvrez autant de justes que votre Incommunicable Unité divine est contenue de fois dans le nombre symbolique de la Pénitence ?

— En considération de quarante, je consens à ne point frapper, dit le Seigneur.

— Ne vous indignez pas, je vous en prie, reprend le Patriarche, si je parle encore. Qu'arrivera-t-il, s'il n'y en a que TRENTE ? Souvenez-vous que l'Arche, qui portait dans ses entrailles la Réconciliation[43], n'avait que *trente* coudées de hauteur[44]. C'est vous-même qui donnâtes cette mesure au juste Noé, et ce sera précisément le nombre misérable des pièces d'argent qui serviront un jour à vous acheter pour le Sacrifice, quand il y aura dans le monde un dénûment total d'holocaustes capables de vous apaiser.

— Je ne ferai rien, répondit aussitôt le Seigneur, si je trouve ici le nombre de trente.

Insister davantage est évidemment téméraire. Un homme de grande discrétion et de foi modique s'en tiendrait là. Néanmoins, Abraham espère encore. Il se dit, comme David, qu'il n'est pas possible que Dieu se dépouille de sa miséricorde, qu'il oublie d'avoir pitié, et qu'il emprisonne sa clémence dans sa fureur[45]. Alors, cet homme de tous les *commencements* se détermine.

— Puisque j'ai commencé une bonne fois, je parlerai encore à mon Seigneur. S'il ne s'en trouvait que VINGT. S'il arrivait qu'il n'y eût que vingt fils vraiment fidèles dans le cœur de la Mère que je dois vous donner un jour ; si le parvis de votre Tabernacle n'était soutenu que par *vingt* colonnes d'airain à chapiteaux d'argent ciselé[46], votre Demeure Immaculée croulerait-elle pour cela ?... Et ce n'est pas tout, Seigneur. Vous savez que vous serez vendu une autre fois aux Madianites, c'est-à-dire aux gens de justice[47], dans la personne de mon arrière petit-fils Joseph, et, dans cette circonstance, vous ne serez acheté que *vingt* pièces d'argent, car vous êtes à vendre à tout prix, ô mon Dieu !

— Par déférence pour le nombre vingt, je ne tuerai pas, dit le Seigneur.

L'Écriture appelle Abraham le « bien-aimé » de Dieu… Il lui reste encore une prière sur le cœur. Il faut qu'il la dise, et c'est d'autant plus difficile qu'elle est absolument semblable aux autres. Mais, après tout, c'est de lui que doit sortir un jour Celle dont les entrailles et les mamelles seront appelées bienheureuses. À ce titre, il peut tout oser.

— Je vous supplie, dit-il, de ne pas vous mettre en colère si je parle encore une fois, une seule fois. Que déciderez-vous, si vous trouvez DIX justes en ce lieu ?... Ne doit-il pas venir un jour où *dix* hommes, en effet, dix hommes « de toutes les langues des nations », accourus pour chercher la Face de Dieu, se pendront à la frange de l'*Homme Juif* et lui diront : « Nous

voulons aller avec toi, parce que Dieu est ton compagnon[48] »…
Ces dix hommes ne sont-ils pas nécessaires à vos desseins, tout
autant que les Dix Commandements de la Loi que vous écrirez
de votre main sur le Sinaï formidable ?

Dans le lumineux crépuscule de son oraison de prophète,
le Patriarche entrevoit sans doute ces étrangers de la fin des
fins… S'ils allaient pourtant se rencontrer dans Sodome, cité du
mystère !… le Seigneur serait bien forcé de pardonner !

Et il pardonne, en effet, s'engageant à ne pas détruire la
ville si ces dix justes s'y trouvent.

Ici finit le dialogue de la Toute-Puissance vengeresse et de
la Toute-Puissance suppliante[49]. Le Seigneur ayant été
vaincu *six* fois, s'en va et cesse de parler à Abraham, comme
s'il craignait d'être vaincu une *septième* et de ne plus pouvoir
se « reposer » ensuite dans sa justice.

XXXI

Tels sont les Juifs, les Juifs authentiques — semblables en tout point à ce Nathanaël aperçu sous l'emblématique figuier, qui faisait dire, malgré tout, à Celui qui s'est appelé la Vérité : « Voici un Israélite *véritable*, SANS DEGUISEMENT[50] ».

Tels il plut à Dieu de les former à l'origine et tel Il ne craignit pas de se configurer Lui-même, par amour, en tant que Fils d'Abraham selon la chair, passible et mortel.

J'ai trop renoncé depuis longtemps à ne pas déplaire pour être arrêté par la peur de congestionner quelques sacristains fougueux, en disant que Notre Seigneur Jésus-Christ dut porter encore *cela* comme tout le reste, c'est-à-dire avec une exactitude infinie.

Sans reparler du grand Holocauste qui fut évidemment la « spéculation » la plus audacieuse qu'un Israélite ait jamais conçue, il ne serait pas très-difficile de trouver dans l'*extérieur* des paroles infiniment aimables et sacrées du Fils de Dieu quelque lien de famille avec l'éternelle pensée judaïque dont bouillonne la Gentilité.

L'Économe infidèle, par exemple, n'est-il pas loué précisément *pour sa fraude* et l'inéclairable conclusion de Jésus n'est-elle pas le précepte formel de « se faire des amis avec les richesses d'iniquité[51] » ?

C'est, en somme, la traditionnelle recommandation de spolier et de foi-mentir, anciennement notifiée aux six cent mille Hébreux de l'Exode qui s'en allèrent d'Égypte chargés de trésors empruntés pour ne pas les rendre, aidés en cela par le Seigneur même qui les protégea dans leur fuite[52].

Identité perpétuelle en la profondeur de ces Textes saints, dont le sens littéral scandalise tant de malfaiteurs et dont la sublime interprétation par les symboles est pour jamais inaccessible à tous les goîtreux.

On croit tomber dans un abîme lorsqu'on songe que le mot : Égypte — Mizraïm en hébreu, — signifie littéralement *Angoisse* ou *Tribulation* ; que le premier Joseph, vendu par ses frères, si nettement figuratif du Verbe fait chair et qui fut obéi de tout ce royaume délivré par lui de la famine, « fut nommé en langue égyptienne : Sauveur du monde[53] » ; et que, *par conséquent*, Jésus lui-même, le « consommateur » ou concentrateur hypostatique des prophéties et des symboles, exclusivement venu de son Père afin de régner sur l'universelle Douleur, ne fit pas autre chose, après tout, quand il s'évada par l'opprobre de son supplice, que d'emporter avec lui les trésors d'angoisse héréditaire et les économies de tribulations qu'il avait empruntés, pour ne les rendre jamais, à tous ceux qui avaient mis leur confiance en lui.

Après la disparition de ce Banqueroutier adorable du désespoir, les Juifs qui venaient de crucifier en Sa Personne, « sans savoir ce qu'ils faisaient », *la conscience même de leur Primogéniture*, continuèrent cependant l'Instinct de la Race que l'Incarnation miraculeuse avait amalgamé de façon tellement puissante, — quoique si vainement pour eux, — à la Volonté divine… et il ne resta plus dans leurs mains que ce pauvre Argent massacré qui devait remplacer leur Messie.

XXXII

Mais cet instinct de mercantilisme et de fourberie, dépouillé de ses attenances mystérieuses, n'était plus alors qu'une pente raide vers les lieux très-bas de l'avarice et de la cupidité.

La couarde « supplantation » du pauvre colosse Ésaü devant qui Jacob, fort contre Dieu seul, n'a jamais cessé de trembler, et le détroussement universel des Égyptiens sont devenus des fonctions banales, inaptes à préfigurer autre chose que le Châtiment définitif — dont la *forme*, inconnue pourtant, sera telle que celui qui la connaîtrait par confidence de l'Esprit-Saint saurait, à coup sûr, l'indevinable Secret du dénouement de la Rédemption.

Inarrêtables dans leur chute, ils roulèrent tant qu'ils purent, jusqu'au plus infime degré de l'Escalier des Géants de l'ignominie.

N'ayant retenu de leur apanage souverain que le Simulacre de la puissance, qui est l'Argent, ce métal infortuné devint une ordure entre leurs griffes d'oiseaux des morts, et ils exigèrent qu'il *travaillât* pour leur service à l'abrutissement du monde entier.

Dans la crainte que ce serviteur unique ne leur échappât, ils l'enchaînèrent férocement et ils s'enchaînèrent à lui par des chaînes monstrueuses qui faisaient sept fois le tour de leurs cœurs, employant ainsi leur despotisme farouche à se rendre eux-mêmes ses esclaves.

Et l'âme des peuples, à la longue, s'encrassa de leur pestilence.

Puisqu'ils avaient attendu plus de deux mille ans une occasion de crucifier le Verbe de Dieu, ils pouvaient bien attendre encore dix-neuf fois cent ans qu'une explosion colossale de la Désobéissance eût transformé en pourceaux les adorateurs de cette Parole douloureuse, pour qu'au moins le troupeau de l'« Enfant prodigue » ne manquât pas à cet Israël qui avait dissipé sa *substance*.

Il est, en effet, devenu si complètement ce pasteur !

Les nations chrétiennes renégates, envahies par la lèpre blanche de son sale argent, lui obéissent, et les mercenaires potentats, humblement descendus de leurs vieux trônes, se ventrouillent à ses pieds, dans ses déjections.

Ainsi se trouve accomplie, dans l'absolu de la dérision et du sacrilège, la littérale prophétie du Deutéronome : « Tu prêteras à intérêt à beaucoup de gentils et n'emprunteras d'aucuns. *Tu domineras sur plusieurs nations et nul ne dominera sur toi*[54] ».

Ce règne de l'argent qui fait sourciller d'indignation le *blanc* vicaire de Jésus-Christ et qui m'apparaît, — je crois l'avoir beaucoup dit, — comme un insondable arcane, est tellement accepté de la descendance catholique des sublimes désintéressés du Moyen-Âge, que ceux qui rêvent l'humiliation des Juifs sont forcés de la demander au nom de leur propre fange vaincue par le cloaque supérieur de ces vermineux étrangers.

Les *seuls* amants de la Pauvreté, les bons miséreux de la pénitence volontaire, — s'il s'en trouve encore, — auraient le droit de peut-être les détester pour avoir oxydé d'argent le vieil or très-pur des tabernacles vivants de l'Esprit-Saint ; pour avoir ignoblement amalgamé leur âme sordide à l'âme généreuse des nations sans perfidie que les Saints avaient formées, « comme les abeilles forment les rayons de leur miel » ; enfin et surtout, pour avoir, — au mépris des Normes éternelles et par le moyen d'une effroyable dilatation de l'Envie, — suggéré, parmi les peuples chrétiens, la substitution aux Commandements du Seigneur des fratricides commandements du Mauvais Pauvre.

Car il est indubitable qu'ils ont diaboliquement abaissé le niveau de l'homme en ce dernier siècle où leur pouvoir d'avilir a tant éclaté.

C'est par eux que s'est instaurée la moderne conception du But de la vie et que flamboya le crapuleux enthousiasme des Affaires.

C'est par eux que cette algèbre de turpitudes qui s'est appelée le *Crédit* a définitivement remplacé le vieil *Honneur* dont les âmes chevalières se contentaient pour tout accomplir.

Et comme si ce peuple étrange, condamné, quoi qu'il advienne, à toujours être, en *une* façon, le Peuple de Dieu, ne pouvait rien faire sans laisser apparaître sur-le-champ quelque reflet de son éternelle histoire, la PAROLE vivante et miséricordieuse des chrétiens, qui suffisait naguère aux transactions équitables, fut de nouveau *sacrifiée*, dans tous les négoces d'injustice, à la rigide ÉCRITURE incapable de pardon.

Victoire infiniment décisive qui a déterminé la débâcle universelle.

Le précipice étant ouvert, les sources pures de la grandeur et de l'idéal y tombèrent en sanglotant. La Raison s'exfolia comme une vertèbre frappée de nécrose, et la peste juive étant parvenue enfin, dans la ténébreuse vallée des goîtres, au point confluent où le typhus maçonnique s'élançait à sa rencontre, un crétinisme puissant déborda sur les habitants de la lumière, dévolus ainsi à la plus abjecte des morts.

Heureusement, les bêtes venimeuses ne se débarrassent jamais de leur venin qui les fait crever elles-mêmes quelquefois, et il a bien fallu qu'Israël s'inoculât l'idiotie dont il gratifiait l'univers.

Il est même tout à fait possible que ce mal vraiment *caduc*, dont l'imbécile tablier des Loges est l'emblème le plus expressif et le symptôme le plus alarmant, ait été accepté par lui, dans l'inassouvissement de sa rage, comme un suicide, une immolation nécessaire…

Mais, — ô, grand Dieu ! — que voilà donc un pitoyable réconfort pour des sociétés en déliquescence, engluées pêle-mêle avec leur vainqueur dans les puantes colliquations de l'irrémédiable décrépitude !

XXXIII

Silence !

Une Voix d'En Bas

Voix d'exil extrêmement lointaine, exténuée, presque morte, qui paraît grandir en montant des profondeurs.

— La Première Personne est *Celle qui parle.*

La Seconde Personne est *Celle à qui l'on parle.*

La Troisième Personne, est CELLE DE QUI L'ON PARLE.

Cette Troisième Personne, c'est Moi, Israël, *prævalens Deo*, fils d'Isaac, fils d'Abraham, générateur et bénisseur des douze Lionceaux établis sur les degrés du Trône d'ivoire, pour la diligence du grand Roi et le perpétuel ombrage des nations.

Je suis l'Absent de partout, l'Étranger dans tous les lieux habitables, le Dissipateur de la Substance, et mes tabernacles sont plantés sur des collines si lugubres que les reptiles même des sépulcres ont fait des lois pour que les sentiers de mon désert fussent effacés.

Aucun voile n'est comparable à mon Voile et nul homme ne me connaît, parce que nul, excepté le Fils de Marie, n'a pu deviner l'énigme infiniment équivoque de ma damnation.

À l'âge même où je paraissais valide et glorieux, en ces temps anciens pleins de prodiges qui ont précédé le Golgotha, mes propres enfants ne me connurent pas toujours et souvent ils refusèrent de me recevoir, car mon joug est sans douceur et mon fardeau très-pesant.

J'ai tellement coutume de porter le Repentir effrayant du Jéhovah, « ennuyé d'avoir fait les hommes et les animaux[55] », et on voit si bien que je le porte en la même façon que Jésus a porté les péchés du monde !

C'est pourquoi je suis poussiéreux d'un très-grand nombre de siècles.

Je parlerai néanmoins avec une autorité de Patriarche inamissible, investi cent fois de l'élocution du Tout-Puissant.

Je n'aime pas beaucoup mes fils de Juda et de Benjamin pour avoir crucifié le Fils de Dieu. Ils sont bien la postérité de leurs deux ancêtres, engendrés de moi, que j'ai comparés jadis à deux animaux féroces.

Mais ils ont subi leur châtiment et je n'ai pas refusé d'être l'époux et le titulaire de leur excessive réprobation.

Me souvenant d'avoir perfidement spolié mon frère Ésaü, il était selon la justice que j'assumasse, jusque dans ma dernière descendance, la complicité d'une perfidie qui préparait le Salut du genre humain en me dépouillant moi-même de la domination sur tous les empires.

Il est vrai que ces misérables enfants ne savaient pas qu'ils accomplissaient ainsi la *translation* des images et des prophéties, et que, par leur crime sans nom ni mesure, s'inaugurait le Règne sanglant de la Seconde Personne de leur Dieu, succédant à la Première qui les avait tirés de la douloureuse Égypte.

Il faut bien qu'arrive désormais l'avènement de la Troisième *dont l'*EMPREINTE *est sur ma Face*, par qui tous les voiles seront déchirés dans tous les temples des hommes, et tous les troupeaux confondus dans l'Unité lumineuse.

Toutefois ces choses n'arriveront pas avant qu'on ait vu « l'abomination de la désolation dans le Lieu Saint », c'est-à-dire avant que les chrétiens, réprobateurs si constants de mon infidèle progéniture, n'aient consommé à leur tour, avec un acharnement plus grand, les atrocités dont ils l'accusent.

Écoutez, ô chrétiens, les paroles d'Israël confident de l'Esprit de Dieu.

Celui qui est ne sait pas autre chose que se répéter Lui-même, et le Seigneur des Seigneurs a toujours soif de souffrir…

Quand le Promis appelé Consolateur viendra prendre possession de son héritage, il faudra *nécessairement* que le Christ vous ait quittés, puisqu'il déclara que ce Paraclet ne pourrait venir s'il ne s'en allait auparavant[56].

Car il paraîtra vous abandonner un jour, comme son Père avait abandonné Jérusalem et l'abandonna lui-même, et vous serez livrés aussi rigoureusement que les Juifs « à l'opprobre sempiternel et à l'ignominie perdurable qui ne sera jamais oubliée[57] ».

Ne voyez-vous pas que nous sommes, dès à présent, les convives du même festin de turpitudes et que nous allons de compagnie sous le fouet de l'exacteur ?

Depuis si longtemps qu'ils vous instruisent, vos docteurs n'ont-ils pas compris que les deux sœurs prostituées dont parle Ézéchiel ont survécu à Jérusalem et à Samarie ; qu'elles vivent toujours dans la pérennité du symbole, et qu'elles se nomment aujourd'hui la Synagogue et l'Église ?

« Parce que tu as cheminé dans le chemin de ta sœur, dit à la plus jeune le Seigneur Dieu, je mettrai son calice en ta main.

« Tu boiras le calice de ta sœur, le large et profond calice ; tu seras en dérision et en colossale subsannation.

« Tu seras comblée d'ivresse et de douleur par ce calice de deuil et de tristesse, le calice de ta sœur aînée, *gardienne* sans fidélité qui s'est polluée dans les immondices des nations.

« Tu le boiras et le videras jusqu'à la lie, et tu en dévoreras les tessons, et tu te déchireras les mamelles…

« Et vous serez l'une et l'autre livrées au tumulte et à la rapine, *lapidées* par tous les peuples et passées au fil de leurs glaives[58]. »

Il se sera donc retiré de vous à la distance d'un *jet de pierre*[59], ce Rédempteur impuissant à vous réveiller, et vos âmes seront désertes de lui, comme les tabernacles de ses autels au jour mortifié du Vendredi lamentable.

En cet abandon de Celui qui est votre force et votre espoir, l'univers tout fumant d'effroi contemplera l'irrévélable Tourment de l'Esprit-Saint persécuté par les membres de Jésus-Christ.

La Passion recommencera, non plus au milieu d'un peuple farouche et détesté, mais au carrefour et à l'ombilic de tous les peuples, et les sages apprendront que Dieu n'a pas fermé ses fontaines, mais que l'Évangile de *Sang* qu'ils croyaient la fin des révélations était, à son tour, comme un Ancien Testament chargé d'annoncer le Consolateur de *Feu*.

Ce Visiteur inouï, attendu par moi quatre mille ans, *n'aura pas d'amis* et sa misère fera ressembler les mendiants à des empereurs.

Il sera le fumier même où l'indigent Iduméen râclait ses ulcères. On se penchera sur lui pour voir le fond de la Souffrance et de l'Abjection.

À son approche, le soleil se convertira en ténèbres et la lune en sang ; les fleuves superbes reculeront en fuyant comme des chevaux emportés ; les murs des palais et les murs des bagnes sueront d'angoisse.

Les charognes en putréfaction se couvriront de parfums puissants achetés à des navigateurs téméraires, pour se préserver de sa pestilence, et, dans l'espoir d'échapper à son contact, les empoisonneurs des pauvres ou les assassins d'enfants diront aux montagnes de tomber sur eux.

Après avoir exterminé la pitié, le dégoût tuera jusqu'à la colère, et ce Proscrit de tous les proscrits sera condamné silencieusement par des magistrats d'une irréprochable douceur.

Jésus n'avait obtenu des Juifs que la haine, et quelle haine ! Les Chrétiens feront largesse au Paraclet de ce qui est au-delà de la haine.

Il est tellement l'Ennemi, tellement l'identique de ce LUCIFER qui fut nommé *Prince des Ténèbres*, qu'il est à peu près impossible — fût-ce dans l'extase béatifique — de les séparer…

Que celui qui peut comprendre comprenne[60].

La Mère du Christ a été dite l'Épouse de cet Inconnu dont l'Église a peur, et c'est assurément pour cette raison que la Vierge *très-prudente* est invoquée sous les noms d'ÉTOILE DU MATIN et de VAISSEAU SPIRITUEL.

Il faudra, néanmoins, en vue d'opérer le « déchaînement » de l'Abîme, que cette Église des Martyrs et des Confesseurs, à genoux aux pieds de Marie, renouvelle contre l'Esprit Créateur, — avec une férocité pacifique, — le déchaînement de la Synagogue.

Mais le cœur des hommes se dessécherait à la pensée de ce solstice brûlant de l'été du monde, où l'Essence même du Feu grondera dans les Sept brasiers de l'Amour vainqueur ; et où l'avare Figuier si longtemps maudit, si longtemps arrosé d'ordures, sera tenu de donner enfin le seul Fruit de délectation et de réconfort capable d'arrêter les vomissements de Dieu.

Il sera tout simple alors qu'il *descende*, le Crucifié, puisque la Croix de son opprobre est justement l'image et la ressemblance infinie du Libérateur vagabond qu'il appela dix-neuf siècles, — et, sans doute aussi, comprendra-t-on que je suis moi-même cette Croix, de la tête aux pieds !…

Car LE SALUT DU MONDE EST CLOUE SUR MOI, ISRAËL, et *c'est de Moi qu'il lui faut « descendre »*.

Antony, *Décollation de saint Jean-Baptiste, 1892*

IN EXCELSO

Ézéchiel, XXXVII.

1 FACTA EST SUPER ME MANUS DOMINI, ET EDUXIT ME IN SPIRITU DOMINI : ET DIMISIT ME IN MEDIO CAMPI, QUI ERAT PLENUS OSSIBUS.

2 ET CIRCUMDUXIT ME PER EA IN GYRO : ERANT AUTEM MULTA VALDE SUPER FACIEM CAMPI, SICCAQUE VEHEMENTER.

3 ET DIXIT AD ME : FILI HOMINIS, PUTASNE VIVENT OSSA ISTA ? ET DIXI : DOMINE DEUS, TU NOSTI.

4 ET DIXIT AD ME : VATICINARE DE OSSIBUS ISTIS : ET DICES EIS : OSSA ARIDA AUDITE VERBUM DOMINI.

5 HÆC DICIT DOMINUS DEUS OSSIBUS HIS : *Ecce ego intromittam in vos* SPIRITUM *et vivetis.*

6 ET DABO SUPER VOS NERVOS, ET SUCCRESCERE FACIAM SUPER VOS CARNES, ET SUPEREXTENDAM IN VOBIS CUTEM : ET DABO VOBIS SPIRITUM ET VIVETIS, ET SCIETIS QUIA EGO DOMINUS.

7 ET PROPHETAVI SICUT PRÆCEPERAT MIHI : FACTUS EST AUTEM SONITUS, PROPHETANTE ME, ET ECCE COMMOTIO : ET ACCESSERUNT OSSA AD OSSA, UNUMQUODQUE AD JUNCTURAM SUAM.

8 ET VIDI, ET ECCE SUPER EA NERVI ET CARNES ASCENDERUNT : ET EXTENTA EST IN EIS CUTIS DESUPER, ET SPIRITUM NON HABEBANT.

9 ET DIXIT AD ME : VATICINARE AD SPIRITUM, VATICINARE FILI HOMINIS, ET DICES AD SPIRITUM : HÆC DICIT

DOMINUS DEUS : *A quatuor ventis veni Spiritus, et insufla super interfectos istos, et revivescant.*

10 ET PROPHETAVI SICUT PRÆCEPERAT MIHI : ET INGRESSUS EST IN EA SPIRITUS, ET VIXERUNT : STETERUNTQUE SUPER PEDES SUOS, EXERCITUS GRANDIS NIMIS VALDE.

11 ET DIXIT AD ME : FILI HOMINIS, *ossa hæc universa,* DOMUS ISRAEL EST : IPSI DICUNT : ARUERUNT OSSA NOSTRA, ET PERIIT SPES NOSTRA, ET ABSCISI SUMUS.

12 PROPTEREA VATICINARE ET DICES AD EOS : HÆC DICIT DOMINUS DEUS : ECCE EGO APERIAM TUMULOS VESTROS, ET EDUCAM VOS DE SEPULCHRIS VESTRIS POPULUS MEUS : ET INDUCAM VOS IN TERRAM ISRAËL.

13 ET SCIETIS QUIA EGO DOMINUS, CUM APERUERO SEPULCHRA VESTRA ET EDUXERO VOS DE TUMULIS VESTRIS, POPULUS MEUS :

14 *Et dedero* SPIRITUM *meum in vobis,* ET VIXERITIS, ET REQUIESCERE VOS FACIAM SUPER HUMUM VESTRAM : ET SCIETIS QUIA EGO DOMINUS LOCUTUS SUM, ET FECI, AIT DOMINUS DEUS.

NOTES

1. *Salus EX Judæis,* QUIA *Salus A Judæis.* Réponse à un tout petit docteur qui contestait ma traduction.
2. *Le Salut par les Juifs* a été écrit en 1892.
3. *Le Désespéré,* p. 201. Édition Soirat, la seule recommandée par l'auteur.
4. *Genèse,* chap. 49, v. 27.
5. *Machabées,* Livre II, ch. 1.
6. Ps. XI, 7.
7. *Christophe Colomb devant les Taureaux,* p. 108.
8. *Rois,* Livre III, chap. 12.
9. *Juges,* chap. 8.
10. *Jérém.,* chap. 13, v. 18.
11. Chap. 2, v. 8.
12. *Proverbes,* chap. 25, v. 2.
13. *Luc,* XIII, 8.
14. *Job,* XXXVIII, 11.
15. *Paralipomènes,* liv. II, chap. 26.
16. *Deutéronome,* XXIV, 7.
17. *Genèse,* IV, 15.
18. *Office de Ténèbres,* 1ᵉʳ nocturne du Jeudi Saint.
19. *Deutéronome,* XXI, 23.
20. *Sainte Brigitte,* liv. 1, chap. 10.
21. *Office des Sept Douleurs.*
22. Ecce homo vorax et potator vini. — *Matthieu,* XI, 19.
23. *Épître de la messe des Sept Douleurs.*
24. *Rom.,* VIII, 24, 26.
25. *Genèse,* XXXVII, 3.
26. *Marc,* XIII, 32.
27. *Office du Vendredi Saint.* Adoration de la Croix.
28. *Épître catholique de saint Jacques,* II, 19.
29. Paul Verlaine
30. II *Cor.* V, 21.
31. *Le Désespéré,* page 367. Édition Soirat.
32. *Sédécias* veut dire le *Juste du Seigneur.*— II *Paralipomènes,* XXXVI, 11 et 12.
33. *Le Désespéré,* page 51, édition Soirat.

107

34. *Matth.*, XXV, 31-46.

35. *Genèse*, XVIII, 20.

36. *Genèse*, XVIII, 1 et 2. — Le texte parle de trois hommes, *tres viri stantes*, et Abraham leur parle continuellement au singulier. Ne doit-on pas conclure de cette circonstance et des marques extraordinaires de respect qu'il leur donne, que le patriarche se savait en présence du Seigneur lui-même ? Grand nombre de Pères l'ont cru. Le Concile de Sirmich a prononcé anathème contre ceux qui diraient qu'Abraham n'avait pas vu le Fils, et l'Église adopta ce sentiment, puisqu'elle chante en son office : *Tres vidit et Unum adoravit.* S. Augustin dit, serm. 70, *de tempore : In eo quod tres vidit, Trinitatis mysterium intellexit. Quod autem quasi unum adoravit, in tribus personis Unum Deum esse cognovit.*

37. *Luc*, XVI, 22 et 23.

38. Tel est le sens hébraïque de ces deux noms.

39. *Genèse*, VI, 15.

40. *Genèse*, XVIII, 25.

41. *IIIe livre des Rois*, VII, 3.

42. *Ézéchiel*, IV, 6.

43. *Ecclésiastique*, XLIV, 17.

44. *Genèse*, VI, 15.

45. *Psaume* LXXVI, 9 et 10.

46. *Exode*, XXVII, 10.

47. Madian signifie *jugement* et implique l'idée de *litige*.

48. *Zacharie*, VIII, 23.

49. *Omnipotentia supplex.* Ce nom magnifique de la Vierge fut révélé par saint Bernard.

50. *Jean*, I, 47.

51. *Luc*, XVI, 9.

52. *Exode*, XII, 35 et 36.

53. *Genèse*, XLI, 45.

54. *Fœnerabis gentibus multis, et ipse a nullo accipies mutuum. Dominaberis nationibus plurimis, et tui nemo dominabitur.* XV, 6.

55. *Genèse*, VI, 7.

56. *Jean*, XVI, 7.

57. *Jérémie*, XXIII, 40.

58. *Ézéchiel*, XXIII, 31-47.

59. *Luc*, XXII, 41.

60. Ces dernières lignes ont eu l'honneur d'émouvoir un Jésuite qui prétendit que de telles assertions étaient destructrices du dogme. « Est-ce une assimilation métaphorique ou une affirmation absolue ? » Tel fut son cercle de Popilius. Comment lui expliquer que ce n'est ni l'une ni l'autre ? Comment faire entrer dans un cerveau plein de formules que la difficulté cesse et que le cercle est rompu aussitôt, par exemple, qu'on rapproche de ce passage la prière liturgique du Samedi Saint : *Lucifer,* INQUAM, *qui nescit occasum ?* Les très-rares chrétiens qui font encore usage de leur raison peuvent remarquer qu'il ne s'agit pas, ici ou là, de métaphore, non plus que d'affirmation rigoureuse dans le sens de la doctrine révélée, mais simplement de constater le *Mystère, la* PRESENCE *du Mystère,* au scandale des imbéciles ou des théologiens pédants qui affirment que tout est éclairci.

Printed in Dunstable, United Kingdom

72860733R00067